高速公路路域经济评价指标分析与应用

田泽宇　编著

人民交通出版社股份有限公司

北　京

内 容 提 要

本书采用比较方法、系统方法、实证分析等研究方法，以河北省黄石高速公路为例，对比分析其建设前后沿线路域经济发展状况及高速公路对路域经济发展影响的特点，提出了高速公路路域经济评价指标体系并对该体系进行运用，进一步分析了黄石高速公路路域系统与其他路域系统以及整个河北省高速公路系统的关系。

本书可供从事高速公路建设、管理与研究的人员学习参考。

图书在版编目(CIP)数据

高速公路路域经济评价指标分析与应用 / 田泽宇编著. — 北京：人民交通出版社股份有限公司，2020.11

ISBN 978-7-114-15624-3

Ⅰ.①高… Ⅱ.①田… Ⅲ.①高速公路—影响—区域经济—经济评价—研究—中国 Ⅳ.①F127

中国版本图书馆 CIP 数据核字(2019)第 122561 号

Gaosu Gonglu Luyu Jingji Pingjia Zhibiao Fenxi yu Yingyong

书　　名：高速公路路域经济评价指标分析与应用
著 作 者：田泽宇
责任编辑：任雪莲
责任校对：孙国靖　魏佳宁
责任印制：刘高彤
出版发行：人民交通出版社股份有限公司
地　　址：(100011)北京市朝阳区安定门外外馆斜街 3 号
网　　址：http://www.ccpcl.com.cn
销售电话：(010)59757973
总 经 销：人民交通出版社股份有限公司发行部
经　　销：各地新华书店
印　　刷：北京交通印务有限公司
开　　本：720×960　1/16
印　　张：7.5
字　　数：150 千
版　　次：2020 年 11 月　第 1 版
印　　次：2020 年 11 月　第 1 次印刷
书　　号：ISBN 978-7-114-15624-3
定　　价：68.00 元

前　言

高速公路对其沿线路域经济发展将产生深远影响。由于,它所产生的宏观经济效益远远大于高速公路本身带来的微观经济效益。因此,作为基础设施,评价其对路域经济发展的影响应比评价其微观经济效益更为重要。由于高速公路项目的特殊性及其对路域经济影响的特性,评价高速公路对路域经济发展的影响有着非常重要的意义。

研究和评价高速公路对路域经济发展的影响,建立一套科学的、系统的、定性与定量相结合的评价指标体系,并通过实证分析,揭示高速公路对沿线经济发展影响的深度和广度,分析高速公路沿线经济发展与高速公路建设之间的关系,可以为路域经济发展战略和产业结构的调整提供重要依据,提高建设高速公路对社会经济效益影响预测的准确性,为今后高速公路建设的决策提供重要的参考。

本书是在项目研究的基础上编著完成的,部分数据的采集时间较早,又经过了几年的研究沉淀,故书中数据多为2012年以前资料,仅供读者参考,其研究结论是经过实例验证的,具有一定的借鉴意义。

本书在编著的过程中,得到了河北省交通运输厅副厅长教授级高级工程师刘中林博士、河北省高速公路管理局教授级高级工程师陈园明、河北交通职业技术学院教授史恩静、交通运输部公路科学研究院研究员丁润铎及人民交通出版社股份有限公司编辑任雪莲等人士的帮助与支持,在此一并深表谢意。

由于编者水平所限,书中难免有不足和疏漏之处,恳请读者批评指正。

编　者

2020年2月

目　　录

▶▶▶ 第1章 绪论

1.1 高速公路的建设与发展

高速公路按《公路工程技术标准》(JTG B01—2014)一般要求设计速度不低于100km/h,要求路线顺畅,纵坡平缓,双向设置不少于4个车道,中间须设置分隔带,采用沥青混凝土或水泥混凝土路面,为保证行车安全设有齐全的标志、标线、信号及照明设施;禁止行人和非机动车在路上行走,与其他线路多采用立体交叉、行人跨线桥或地道通过。

高速公路是经济发展的必然产物。首先,高速公路适应工业化和城市化的发展。城市是产业与人口的集聚地,其汽车保有量的增长远比乡村快得多,这使得城市成为汽车的集聚中心,因此高速公路的建设多从城市的环路、辐射线路和交通繁忙路段开始,逐步成为城市交通的重要组成部分。其次,汽车技术的发展,客观上对高速公路建设也提出了更高的要求。目前汽车已成为人类社会必不可少的交通工具,因此,需要高速公路等基础设施适应汽车的轻型化和载重化两大发展趋势,前者要求行驶速度,后者要求承载力,而高速公路能满足二者的需求。

高速公路按其功能可分为城市内部高速公路和城际高速公路两大类;按其距离长短可分为近程高速公路(500km以内)、中程高速公路(500~1000km)及远程高速公路(1000km以上)三类;按其布局形式可分为平面立体交叉高速公路、路堤式高速公路、路堑式高速公路、高架高速公路和隧道高速公路。

20世纪30年代,一些西方国家开始修建高速公路,至20世纪60年代世界各国迎来了高速公路高速发展期。一般来说,一条高速公路建成3~5年后,其两端的城市会沿高速公路不断延伸发展,形成以高速公路为轴线的产业带。高速公路建成后,其两侧和周边将形成高速公路经济带,可极大地推动路域经济的发展和市场化进程。

1.2 高速公路经济

世界经济的发展,大多是伴随着交通工具的变革,且以“港口(码头)—铁路—公路—机场—高速公路”这样的轨迹发展的。在工业化之前,由于水路运输经济,设施简单,使得港口(码头)成为人流、物流的集散地,以及区域经济发展的重要节点。过去,经济活跃、社会发展快的地方大多是港口城市。进入18世纪后,随着蒸汽机的发明和广泛使用,社会进入了工业化时代。火车的出现,使得经济社会发展主要沿铁路线展开,火车站亦成为经济社会发展的重要节点。火车使得人流、物流等生产要素流动加快;反之,生产要素的快速流动,又加快了以火车站为节点的区域经济发展。新型建筑材料的出现和汽车的发明推动了公路建设,由于公路可以使生产要素直接到达生产和消费点,更好地把生产和消费联系到一起,从而促进了经济社会发展沿公路展开,在现代社会这一现象更为明显。飞机的发明,使人类社会步入了高速运行的时代,飞机凭借其比火车、汽车更快速的特点得到了迅猛发展,在当今社会的作用日益凸显。同时,机场建设也极大地推动了区域经济的发展,很多实例表明,机场作为一个点可以带动周边一大片区域经济的快速发展。高速公路由于其快速、直接等特点,在现代社会中的作用日益重要,高速公路网络建设对经济与社会发展起到了巨大的推动作用和促进作用,尽管大多数国家和地区的高速公路里程占公路网总里程的比例缩小,但其承担的汽车行驶量却占总量的20%以上,高速公路已经成为交通运输系统的主动脉。如果说机场带动经济发展是一个点的话,高速公路则是一条线、一条带,其作用更加显著。

我国经济社会的发展与交通的发展和变革密不可分,通常沿海地区、港口城市、铁路发达地区、公路交通枢纽地区、机场、高速公路沿线地区经济基础较好。以广州、上海为代表的沿海地区、港口城市是我国最先发展起来的城市,它们依托港口得天独厚的优势,大力发展对内、对外贸易,在全国其经济得到了率先发展;改革开放以后,我国开始大力发展铁路建设,逐渐形成了覆盖全国的铁路运输线,铁路沿线各地经济多依托铁路节点——火车站不断发展。城乡公路的整体建设和发展促进了我国各区域经济的发展。20世纪80年代以后,我国民航业有了长足发展,取得了“建成一座机场,繁荣一方经济,富裕一方百姓”的良好效果。20世纪80年代以后我国的高速公路发展开始起步,经历了起步建设阶段和1998年至今的快速发展阶段。高速公路的快速发展,大大缩短了路域之间、城市之间的距离,加快了区域间人员、商品、技术、信息的交流,有效地降低了运输成本,拓展了市场,对促进国民经济发展和社会进步以及提高企业竞争力起到了重要的作用。

改革开放40多年来,我国的经济建设取得了举世瞩目的辉煌成就。为适应经济建设快速发展的需求,我国大陆地区自1998年开始大规模建设高速公路,截至2018年底,全国高速公路通车里程总长已达14.25万km。

1.3 高速公路对地区经济的影响

1.3.1 建设项目的社会贡献

1)贡献率

贡献率是分析经济效益的一个指标,是分析经济增长中各因素作用大小的反映,它是指有效或有用成果数量与资源消耗及占用量之比,即产出量与投入量之比(所得量与所费量之比)。

贡献率计算公式为:

$$\text{贡献率}(\%)=\frac{\text{贡献量(产出量,所得量)}}{\text{投入量(消耗量,占用量)}}\times 100\%$$

实际上,贡献率是指某因素的增长量(程度)占总增长量(程度)的比重。

2)项目的社会贡献率

社会贡献率通常是指衡量企业运用全部资产为社会创造或支付价值的能力。

社会贡献总额包括工资、劳保退休金及其他社会福利支出、利息支出净额、应交增值税、产品销售税金及附加、应交所得税及其他税、净利润等。为了反映企业对国家所作贡献的程度,可按下式计算社会贡献率。计算公式如下:

$$\text{社会贡献率}(\%)=\frac{\text{社会贡献总额}}{\text{平均资产总额}}\times 100\%$$

高速公路作为基础设施,具有准公共产品属性,建设单位的投资直接对社会做贡献。在高速公路的建设中,物资采购、人力劳动、技术创新、地方税收等,均对社会产生一定的积极作用并具现实意义,改善了人们出行的便捷性等。高速公路的建设,使路网更加完善,从而促进了路域经济不断发展和生产要素的快速流动。

1.3.2 高速公路对地区经济的促进作用

1)改善地区的经济运行环境

高速公路作为支撑国民经济发展的重要基础设施,不仅改善了投资硬环境,而且促进了人们思想观念的变化,大大提高了经济和社会的开放度。

2)拉动地区经济增长

高速公路对我国经济建设快速发展具有重要的促进作用。众所周知,经济发展,离不开交通运输。俗话说,“要想富,先修路”。无论是在高速公路的建设时期,还是在高速公路建成后的运行时期,它对地区经济投资的拉动作用不可小觑。

以黄石(黄骅—石家庄)高速公路为例。黄石高速公路1996年开工建设,分三段施工;2007年全线竣工并通车。黄石高速公路横贯河北中部经济发达地区,是重要的集疏港公路,西自藁城西收费站,东至黄骅港收费站,全长280km,双向四车道,全封闭,全立交,设计行车速度为120km/h。

黄石高速公路是河北省“十五”期间规划和实施的重点建设项目,也是国家高速公路规划重要干线“荣乌高速(G18)”的联络线,是黄骅港连接河北省中南部地区的重要交通通道。该段高速公路工程概算总投资70.77亿元。通过这条高速公路,河北省省会石家庄市与河北省南部的最大港口(黄骅港)的联系更加紧密。

根据有关资料,修建黄石高速公路促进了石家庄市经济的发展,主要表现在以下两个方面:

(1)修路给当地带来了可观的收益。所有这些收益都对启动黄石高速沿线市县的市场、推动工业生产和农田建设、住宅建设等具有一定基础作用,发挥资金投入的拉动作用。这些构成了黄石高速公路沿线市县经济增长的新动力,形成一些新的经济增长点。

(2)货币乘数效应。货币乘数是指货币供给量对基础货币的倍数关系。在货币供给过程中,中央银行的初始货币提供量与社会货币最终形成量之间客观存在着数倍扩张(或收缩)的效果或关系,称为货币乘数效应。这些工程款放在银行暂存所发挥的货币乘数效应,对解决资金紧缺具有一定的辅助作用。

总之,高速公路是社会与经济发展的产物,它是国民经济和社会发展中各种物流、人流和信息流的载体,是社会与经济发展的基础。

1.3.3 高速公路对沿线地区路域经济影响的特点

这里的路域是指以地区分工为基础，以中心城市为依托，包括若干中小城市、众多的城镇和大片农村的经济联系比较紧密的路域。路域经济是指由于地理环境、自然资源、产业结构、经济布局等具有内在联系的自然形成的地域经济综合体。交通设施的意义是为其提供产品输出的手段，此时比较利益体现为区际生产成本的绝对差别。当运输费用等于或低于这个差别，就发生由低成本路域向高成本路域的出口。路域自然条件或其他生产要素的不同决定了路域生产价格的差别，这种差别有利于促进贸易发生，但较高的运输成本犹如关税壁垒，抑制了这种贸易，因而改善交通条件将对某一地区的贸易起到重要的促进作用，进而有利于路域经济的发展。高速公路对沿线地区经济发展的影响具有如下特点：

(1)多样性。高速公路的经济效益不仅在于其本身的获利能力以及全社会公路使用者在使用公路中所获得的各种利益，而且在于其对国民经济发展的促进作用。

(2)间接性。高速公路对经济和社会整体发展所产生的影响，是通过它与国民经济各部门和社会再生产各环节之间的经济联系和交互作用来实现的。在这些联系中，有一些是直接联系，但更多的是间接联系，即间接效益是高速公路经济效益的主体。

(3)长远性。高速公路项目一般投资大、配套多、周期长，其社会效益要在若干年后才可能充分体现。尤其是新建高速公路，可促进所经地区地区资源的集聚、开发和重新配置，从而给国民经济和人民生活带来的影响常常需要5年、10年，甚至更长的时间才能体现。

(4)辐射性。高速公路在空间上只表现为一条线，它对社会经济发展的影响作用是以这条线为中心，呈放射状向周边地区辐射。辐射范围的大小，取决于高速公路等级及其所处综合交通运输网的发达程度。

(5)难以计量性。由于高速公路的建成不是具体的物质产品，它只是使货物和旅客在一定时间内发生空间位移，它所产生的效益无实体，对沿线经济的影响往往难以直接用货币或具体的数字衡量。

综上所述，将高速公路运输对社会经济生活产生的影响加以概括，有四大效应：一是空间效应。高速公路运行大大缩小了人们的生活空间，使人流、物流的有效活动空间范围扩大，位移价值所形成的市场边界拓展，增大了点域的经济辐射力和吸引力。二是时间效应。高速公路减少了人和物的在途时间，方便、快捷、高效的传递,使得大量原材料及备品件存储量减少。时间节约是社会资源的最大节约,社会生产率由此大大提高。三是市场效应。高速公路拓展了本地产品的市场辐射边界,调整和丰富了输出的商品结构,为易损易碎、鲜活易变质商品外运提供了有效的保障,同时,也敞开了自身的市场门户,加剧了本地市场的竞争。四是集聚效应。高速公路的建成通车改变了其路域范围内的投资环境,引起各种生产要素在空间某点域内的聚集。这种生产要素在空间组合所产生的乘数效应,进一步加快了这一集聚进程,从而形成了空间路域内的产业密集分布格局,产生了沿高速公路呈点、线、面分布的经济带。

第2章 基础理论

2.1 高速公路经济属性分析

高速公路是现代综合交通运输网络的重要组成部分,是社会经济发展到一定阶段的必然产物,一直以来,它以独特的功能和效用我国经济的发展和运行具有广泛而深远的影响。高速公路是先进生产力的代表,具有独特的经济属性,主要体现在以下几个方面。

2.1.1 自然垄断的准公共物品性

西方经济学通常把社会经济分为私人部门和公共部门。私人部门提供的产品被称为"私人物品"(Private Goods),公共部门提供的产品被称为"公共物品"(Public Goods)。所谓公共物品,是指那些能够同时供许多人享用的物品,它的成本与享用的效果并不随享用它的人数规模的变化而变化。公共物品与私人物品的区别在于前者"消费上的不排他性"及后者"消费上的排他性"。公共物品消费上的"不排他性"使得它被生产出来以后,任何人都可以从中受益,而并不需要为其支付成本。产品消费上的不排他性形成了生产的外部效应,这种外部效应可能是有益的,称为外部经济,或可能是有害的,称为外部不经济。存在外部效应的地方,即使经济是完全竞争的,资源的配置也不是最优的。但是,对外部效应,也可以作出某种制度上的或是技术上的安排,将外部效应主体与受外部效应影响的主体结合起来,使外部效应内部化。由于外部效应的存在,经济学研究中的一个直接结论是:除非作出某种制度或是技术上的安排,使外部效应内部化,公共物品不能由私人生产和供给,不可能通过私人交易市场来实现公共物品的最优配置,公共物品的供给必须由政府来担当。

对公共物品和私人物品,经济学理论认为:前者必须由政府担当供给者的职责,而后者由市场提供更有效率。这些结论只适用于“纯粹”的或是“典型”的公共物品和私人物品。在现实生活中,还存在一类既具有公共物品属性又具有私人物品属性的物品,这类物品的性质介于公共物品和私人物品之间,既可以由公共配置,在一定条件下,也可以由私人或其他性质的生产者提供。具有这种性质的物品,称为准公共物品。

国内外的实践证明,公路设施的建设、运营、管理既可以完全由政府投资,也可以由政府授予特许权由私人生产者供给,或者由政府和私人生产者共同投资供给,因而具有准公共物品的特征。通过进一步分析可以发现,并不是一个路网中的所有公路都是准公共物品。通往边远地区的公路、国防公路、一般性公路(低等级公路),由于其外部性较强而更多地具有公共物品的特性。与普通公路相比,高速公路具有设计标准高、运行速度快、运输效率高、事故发生率低等特点。对于驾驶员而言,高速公路具有可选择性,连接甲乙两地的功能既可以通过高速公路实现,也可以通过普通公路实现。驾驶员选择高速公路可以提高效率、增加行车舒适度和安全性、降低车辆油耗,因而承担一定的通行费用也是合理的,主要体现在两方面:一方面,高速公路不适合作为纯粹的公共物品由政府供给;另一方面,高速公路具有一定的外部效应,高速公路的修建能促进路域经济发展,满足国防需求。此外,高速公路还对部分特种车辆,如军警车辆、特种车辆、邮政车辆等实行免费通行,这些都体现了其有益的外部效应,即社会效益,因而也不适合由私人生产者完全供给。由此可见,高速公路具有准公共物品的经济属性。

虽然我国高速公路具有准公共物品的经济属性,但不同地区、不同路段以及不同时期高速公路所具有的准公共物品的特征也各不相同,主要有以下三种情况。

1)靠近于公共物品的准公共物品

这种情况多出现在经济不发达地区和高速公路发展初期。在经济不发达地区,由于经济相对落后,修建高速公路所投入的资金无法通过后期的运营收回,按照市场经济规律,高速公路无法吸引其他资金投入,只能完全依靠政府投资修建。在这些地区,政府往往通过优惠政策和牺牲政府投资的收益来保证投资者的利益,这时高速公路的投资中政府投资比重很大,可吸引的社会资金非常少,由于高速公路投资大部分来自政府,因而成为靠近于公共物品的准公共物品。在高速公路发展初期,由于高速公路产业带和沿线经济发展带来的效益尚未得到实现,从而导致高速公路通车初期的收益欠佳,投资收益率低于地域同期银行利率,致使投资者缺乏投资的动因。在这种情况下,只有通过政府让利或者是通过优惠政策来吸引投资者,出现政府投入比重很大、社会资金投入较少的现象,从而使高速公路成为靠近于公共物品的准公共物品。

2）靠近于私人物品的准公共物品

这种情况多出现在经济发达地区和高速公路发展到一定时期。在经济发达地区，高速公路具有较好的经济效益，其通行费收入能够保证投资者有良好的收益，此时政府有可能退出高速公路行业，让民间资金和外资大量进入，政府在高速公路投资中的比例逐渐减少，从而使高速公路成为靠近于私人物品的准公共物品。高速公路发展到一定时期，由于其产业带效应和带动沿线经济发展效应的实现，使高速公路通行费收入和综合收入大大增加，从而也能保证高速公路具有较好的投资回报，这时可以让民间资金和外资进入，减少政府的投入，使高速公路成为靠近于私人物品的准公共物品。

3）一般准公共物品

在现实生活中，不同路段的高速公路往往体现不同的准公共物品属性，一些路段体现为靠近于公共物品的准公共物品，而另一些路段体现为靠近私人物品的准公共物品，两者共同作用往往使高速公路成为一般准公共物品。一般准公共物品通常体现在政府投资比重较大的高速公路上，这类高速公路的属性介于公共物品和私人物品之间。高速公路成为一般公共物品的另一种情况是高速公路处于经济发展水平一般的地区，其投资收益率趋近于银行利率，因而使其他投资比重介于公共物品和私人物品之间。衡量高速公路准公共物品属性的主要标准是投资收益。如果投资收益率高于同期银行利率，则高速公路为靠近私人物品的准公共物品；如果投资收益率低于银行利率，则高速公路为靠近公共物品的准公共物品；如果投资收益率约等于银行利率，高速公路为一般公共物品。准公共物品属性见表2-1。

准公共物品属性示意表　　表2-1

<table>
<tr><td rowspan="3">公共物品</td><td colspan="3">准公共物品</td><td rowspan="3">私人物品</td></tr>
<tr><td>靠近于公共物品的准公共物品</td><td>一般准公共物品</td><td>靠近于私人物品的准公共物品</td></tr>
<tr><td>投资收益率小于同期银行利率</td><td>投资收益率等于同期银行利率</td><td>投资收益率大于同期银行利率</td></tr>
</table>

高速公路的准公共物品属性也会随着平行线路条件的变化而变化，如果与之平行的普通公路通行条件很差，则高速公路能吸引较多的车流量，从而成为靠近于私人物品的准公共物品；反之，则成为靠近于公共物品的准公共物品。

高速公路还具有自然垄断性。连接于两地之间的高速公路多数情况下只有一条,这就使得高速公路成为稀缺资源,同时由于公路设施具有较强的公共性,完全竞争的市场制度会导致线路的重复,造成社会资源的浪费,必须由政府加以限制,因而高速公路具有自然垄断的特点。高速公路自然垄断的经济属性决定了高速公路资源的有限性,这使得高速公路行业不具备完全竞争市场的特征,而必须由政府在资源配置中发挥主导作用,通过特许经营和委托投资主体等方式来建立高速公路市场准入机制和确定介入方式。同时,由于自然垄断的存在,高速公路的通行费也具有特殊性,通行费不能完全反映供求关系,而只能表现为高速公路若干年的收益。高速公路的所有权永远属于国家,高速公路运营企业能够转让的仅仅是经营权,而非所有权。

2.1.2 规模收益的递增性

规模经济(Economics of Scale)是指在经济社会中因生产规模的变动而引起收益变动的规律。当产品或服务的所有生产要素同时增加时,就意味着规模扩大;当产品或服务的收益增加幅度高于规模扩大幅度时,则称为规模收益递增;反之,则称为规模收益递减;如果规模扩大与收益增加的幅度相等,则称为规模收益不变。

上述经济变化规律可用数学模型表示。设某产品或服务的生产函数是 r 次齐次方程,假如所有的物质投入要素表示为 k,各种劳动力投入要素表示为 L,则产出量是 k 和 L 的函数,设 λ 为非零常数,表示生产规模扩大的倍数,则以下公式可以表示规模收益变化的规律:

$$F(\lambda_1, \lambda_L) = \lambda^r f(k, L) \tag{2-1}$$

当 $r>1$ 时,表示规模收益递增;当 $r=1$ 时,表示规模收益不变;当 $r<1$ 时,表示规模收益递减。

高速公路具有明显的规模收益递增的经济属性。高速公路至少有双向 4 个行车道,还有 6 车道、8 车道甚至 16 车道的高速公路。高速公路提供的服务是使交通流量迅速安全地通过,其通行能力用每昼夜最大通行量表示。通过表 2-2 可知,高速公路的车道数与通过的最大交通流量之间呈现规模收益递增的关系。

高速公路车道数与通行能力表 表 2-2

高速公路车道数	通行能力(标准车/昼夜)
4	25000 辆左右
6	50000 辆左右
8	100000 辆左右

由表2-2中可以看出，从4车道到6车道，规模增加到1.5倍以上，通行能力增加到2倍，从4车道到8车道，规模增加到4倍，而在同等条件下通行能力的成倍增加意味着收取的车辆通行费也成倍增加。

根据经济学原理，任何产品和服务的提供，在一定的技术经济条件下都有一个适度规模，所谓适度规模就是存在由规模收益递增转变为规模收益不变的拐点。据世界银行专家推断，规模收益不变的高速公路车道数是双向24车道，高速公路规模收益递增还表现在高速公路的长度和联网程度上。一般来说，随着高速公路长度的增加，车辆通行费收入呈显著递增状态，连通成网络状的高速公路比单纯连接两地的高速公路具有更显著的经济效益。

高速公路的这种规模收益递增的经济属性决定了高速公路必须超前发展。一般来说，高速公路通车前期车流量会迅速增加，如果高速公路等级过低，在通车后很快会形成车速慢和堵车现象，不得不改扩建，而改扩建的费用远远高于高速公路前期建设标准一次到位的费用，因此，高速公路的建设规模应考虑长远发展的需要，按照十几年甚至几十年的经济发展和车流量的增长情况来确定。鉴于高速公路这种典型的规模经济效应，在其建设初期就应从长远考虑，按较高的标准和规模修建，这样才能适应高速公路规模收益递增的经济属性。

高速公路规模收益递增的经济属性也决定了高速公路网络化的重要性。一般来说，单独的一条高速公路经济效益有限，断头路会使高速公路经济效益锐减，而连通成网络状的高速公路的经济效益呈几何级数增加。这是由于高速公路具有全封闭、全立交、快速等特点，一旦形成网络结构，就能有效地形成点对点的快捷运输效应，增强高速公路的影响力和扩散力，具有铁路、航空、水运等其他交通运输所不具备的作用。从世界各国发展情况来看，目前集装箱高速货运和高档豪华高速客运已成为客货运输的发展潮流，这主要是由各国高速公路联网规模效应所决定的。

2.1.3 资金密集性

高速公路与铁路、航空等运输行业一样，属于资金密集型产业。因高速公路具有不可分割性，一条高速公路必须一次性整段建设，所耗费的资金数以亿计，一般可达十几亿甚至几十亿元，所以它是典型的资金密集型产业，具有资金密集性。

由于高速公路的资金密集性，导致了高速公路准公共物品的特殊属性，如果完全由政府无偿投入,需要大量的资金,这是政府财政所难以承受的,同时也会增加纳税人的负担,对于那些无法使用高速公路的纳税人来说也不公平。因此,只有将高速公路定性为准公共物品,引入市场机制,才能保证高速公路健康、平稳的发展。

高速公路的资金密集性形成了进入高速公路行业的资金壁垒。对于大多数投资者来说,受资金实力所限,无法进入资金密集型的高速公路行业,这就使能投资于高速公路者寥寥无几,导致高速公路资本运作和经营权转让发生困难。为了适应高速公路的这一经济属性,必须进行投融资体制创新,采用资产证券化、股票融资、拍卖、BOT(Building-Operate-Transfer,即建设-经营-转让)等新型融资方式,通过"化整为零""风险共担"等办法,让众多的中小投资者都能参与高速公路行业的投资,从而有效地突破高速公路行业的资金壁垒,加大其融资的广度和深度,以期更好地保证高速公路行业可持续发展。需要指出的是,投资高速公路虽需承担较大的资金压力和资金成本负担,但高速公路具有的收益稳定、增长迅速和风险低的优点,也是许多行业所不具备的,这是投资者普遍愿意涉足高速公路行业的根本原因。

2.1.4 级差效益性

与普通公路相比,高速公路具有鲜明的级差效益。这里的级差效益是指用相同汽车完成相同的运输工作,使用高速公路可以比使用普通公路得到更高的收益。与土地的级差地租相似,公路也会因等级的不同而产生级差效益,不同等级的公路提供相同服务时所产生的效益不同。总的来说,高速公路对于普通公路而形成的级差效益主要表现在四个方面:一是汽车行驶成本的降低,包括油料的节省、维修费用的降低、轮胎消耗成本的下降等。二是行驶时间的节约,包括货物运行时间的减少、资金周转的加快效益、驾驶员工时节约的效益、旅客时间节约的效益等。三是行驶里程缩短的效益。由于高速公路选线标准高,比之使用普通公路,两地之间的距离相对缩短,由此会带来里程缩短的效益。四是交通事故损失减少的效益。这些效益都是道路使用者能够直接得到的。

地租是土地价格的决定因素,级差地租(即地租的高低)决定了土地的市场价格。级差地租为土地这种投入要素利用市场机制实现资源的优化配置奠定了基础。与级差地租类似,高速公路所特有的级差效益也为高速公路筹资、建设及运营管理采用不同于普通管理的方式奠定了基础。正是由于高速公路存在级差效益,高速公路在建设与运营等方面可以采用市场经济的办法,如利用贷款修路,建成后收费还贷;利用股票和债券融资;采用 BOT、TOT(Transfer-Operate-

Transfer,即移交—经营—移交)方式;等等。我国高速公路基本上都是收费公路,通行费类似于市场经济中“一手交钱、一手交货”的交易行为,实质上是对高速公路使用权的直接交易。由于高速公路的级差效益,才有大量的道路使用者选择交费通过收费高速公路,而不是选用与高速公路并行的不交费普通公路,这就使得高速公路可以实行收费制度。

高速公路的级差效益性决定了高速公路能够影响路域经济格局,并在沿线形成高速公路产业带。区位在经济学中是一个空间优选的概念,可以对单项目标进行空间优选比较,也可对一个地区甚至一个国家进行区位经济的综合评价。在诸多因素中,最关键的区位因素是交通运输。在两个经济中心之间修建高速公路,能够充分挖掘沿线地区经济发展潜力,创造更加优越的发展条件。随着各个有利于经济发展条件的形成,高速公路沿线会形成区位优势,进而产生布局上的相对集中和聚集,从而促进该高速公路沿线地区的经济发展。高速公路所带来的沿线地区便捷的交通区位具有强大的要素吸引力和经济发展潜力。

高速公路对路域经济的影响表现在高速公路产业带的建立上,目前我国的高速公路产业带已初步建成,正进入梯度扩散阶段,成为带动路域经济腾飞的火车头。高速公路对路域经济的影响还表现在形成新的路域经济格局上。由于高速公路具有集聚效应,随着高速公路的全封闭和节点之间距离的增加,沿线路域经济发展情况不同于普通公路,由开放型逐步向集聚型方向发展,在节点之间形成新的经济发达地区。同时,原来的某些经济比较发达地区会由于高速公路建成后道路封闭的限制,导致区位优势逐渐消失,甚至变成区位劣势,从而成为新的经济欠发达地区,这种现象往往出现在高速公路起点和终点附近,这些地区虽然靠近大中城市,但经济反而不如离大城市相对较远的节点发达。这种对沿线经济结构“重新洗牌”的现象,使生产要素迅速向产业带和经济发达地区集中,使之形成新的经济发展格局。

2.2 路域经济发展的基本理论

随着对路域产业带研究的不断深化,路域经济发展空间结构理论,如增长极理论、点轴开发理论、交通产业带理论、区位经济理论、圈层式结构理论、内源式乡村发展理论等,得到了发展和广泛应用。其中,增长极理论和点轴开发理论得到了大多数学者的认可。

2.2.1 增长极理论

增长极理论是法国经济学家弗朗索瓦·佩鲁于1950年首先提出,后经布代维尔加以拓展,把这一抽象的纯属产业而与地域无关的概念融入地理空间中,使增长极具有了空间特性,从而成为路域开发的重要理论依据之一。增长极理论认为,路域发展受资源所限以及经济效益要求,路域经济的增长不会在所有地方都出现,它以可变的强度,出现在一些点或发展极上,通过某些主导部门或有创新能力的企业或行业在一些地区或大城市的集聚,形成一种资本与技术高度集中的规模经济效益,使集聚中心在自身迅速增长的同时能对邻近地区产生强大的辐射作用。这一理论的核心在于集中发展经济效益最好的重点城市和路域,使其在短时期内获取最佳经济效果。同时,形成所在路域的经济开发中心,即形成强有力的经济生长点和有意识地扩大路域态势差,并使增长极成为路域经济发展的原动力。地区增长极的选择和确定应注重那些有创新能力、规模大、增长速度快、关联效益大、发挥区位优势、推进能力强的主导产业部门或企业群,根据各增长极的特征和条件来划分增长极等级体系,以便于建立以城市为主导的多层次、多功能经济路域。

2.2.2 点轴开发理论

点轴开发理论是20世纪80年代中期在我国兴起的一种路域发展理论。它从经济增长与平衡发展间的倒"U"形规律出发,认为我国目前仍处于不平衡发展阶段,而点轴开发是现阶段最有效的空间组织形式。所谓点轴开发,即点轴依等级渐进扩散式开发,是在全国或地区范围内,确定若干具体有利条件的大区间、省级间及地、市间线状基础设施轴线,对轴线地带的若干个点予以重点发展。随着经济实力的不断增强,经济开发越来越侧重于较低发展中心的点并确定为较低级别的发展中心。点轴开发在空间结构上是点与面的结合,基本上呈现一种立体结构和网络态势。它主要体现在两个方面:一方面可以转化城乡二元结构,另一方面可以促进整个路域逐步向经济网络系统发展。

2.2.3 交通产业带理论

交通产业带是当今产业空间布局的一种典型形式。关于其内涵,很多学者在不同场合对于产业带、产业密集带、经济走廊等类似的概念及内涵进行了阐述,可供参考。交通产业带是以综合运输通道为发展轴,以轴上或其紧密吸引域内的大中城镇为依托，建立在沿线经济部门技术联系和生产协作基础上的，由产业、人口、资源、信息、城镇、客货流等聚集而成的带状空间地域综合体。交通干线、以二、三产业为主的产业体系及城镇群是交通产业带的三个基本要素。其中，交通发展的客观要求及增长极核，即产业集聚、扩散及其结构的演进、升级是交通产业带得以维持的重要因素，是推进其发展的动力。

2.2.4 区位经济理论

1826 年，德国农业经济和农业地理学家杜能的《农业和国民经济中的孤立国》一书中提出了著名的农业区位论，该理论的中心思想是：农业土地的利用类型和农业土地经营集约化程度，不仅取决于土地的天然特性，而且依赖于其经济状况，更重要的是取决于它到农产品消费地的距离。1909 年，阿尔弗德·韦伯发表的《论工业的区位》，标志着工业区位论的问世。韦伯理论的核心是通过运输、劳动力和集聚因素的相互作用的分析与计算，找出工业产品生产成本最低的点作为工业企业布点的理想区位。

综上所述，一个路域只要具备了某种有利于经济发展的必要条件，这个路域与其他路域的差异就会形成一种优势，产生一种引力，有可能把相关企业和生产力要素吸引过来，在利益原则的驱动下，形成产业布局上的相对集中和聚集，从而促使该地区的经济发展，这种引力被称为区位优势。

上述几种理论，可以用来作为研究高速公路产业带形成和发展的经济理论基础。在交通运输滞后于经济发展的情况下，高速公路的通车运营势必使沿线地区的交通优势突显，并带来客、物的高速流动，从而为产业带的形成和发展创造客观条件。因此，根据区位经济理论，高速公路产业带的形成是必然的。

2.3 高速公路影响路域经济发展的基本理论

国内外学术界对于高速公路影响路域经济发展的有关理论研究，主要有以下几种观点。

2.3.1 交替推拉关系论

交替推拉关系认为，在特定的运输系统中，随着经济的发展，社会对交通运输会提出新的要求。这些要求在逐渐积累的初期，往往位于原有运输方式的极限之内，因而可以通过对原有运输系统的改造来满足。在此期间，交通运输业对经济发展的作用往往比较隐蔽,主要体现在支持经济增长,处于相对被动的地位,如果交通运输业的发展能够跟上经济发展的步伐,交通运输业的作用则往往不被人们所关注。如果交通运输业的发展跟不上经济发展的步伐,就会以阻碍经济发展的消极方式来显示其在经济发展中的作用。这时经济的发展就得拉着交通运输业走。中华人民共和国成立后的情形基本都属于这一类。然后,随着"积累"的进一步扩大,它将突破原有运输系统的极限,迫使新的运输方式产生和发展,由于新运输方式的产生及随之而来的迅速发展,必然要向社会提出强大的物质需求,从而造就了一批新兴产业的产生与壮大。在这一时期,交通运输业对经济发展的作用比较明显,不仅体现在支持经济的增长上,而且体现在刺激经济的发展上,可以认为处于相对主动的地位,似乎是交通运输业推动了经济发展。

2.3.2 相互作用论

相互作用论认为,交通运输与路域经济发展相互影响,共同发展。交通运输将各经济路域通过运输联系在一起,是各路域经济赖以实现相互之间运输联系的必要基础条件。交通运输决定着各经济路域之间运输联系的数量、强度、速度及旅客与货物的流向,对各经济路域的经济发展与繁荣、社会进步产生了积极的影响,并促进资源的合理配置。与此同时,经济发展对经济结构、社会分工与协作、地区分工与协作以及生产的专业化程度有不同的要求,并要求经济结构按经济发展的要求进行调整和重新配置,以保证经济发展的顺利进行。经济结构的变化将导致一些行业的高速发展,而这种变化必然引发各行业的生产要素的重新配置。这必将引起运输需求的变化,反而拉动交通运输的发展。

2.3.3 外部效果论

外部效果论认为,项目在生产和消费中对路域可产生不包括在项目之内的积极或消极的影响。它虽不能在项目本身的收入和支出中反映出来,但是可以对路域经济产生极大的影响。外部效果影响不是有意造成或有意被接受的,而是具有偶然的附带的性质。外部效果的受益者无须付出任何代价,外部效果的受损者也得不到任何补偿。例如,高速公路项目对城市化水平的促进作用是外部效益,而项目对环境的损害则是项目的外部成本。项目的兴建带动沿线公路运输网络的完善,使得原来不能开发或难以开发的资源得到发掘,扩大了优化资源配置的范围,从而促进了产业结构调整的步伐,并促进路域内的分工协作,形成以点带面、以城带乡、以大带小的分工协作体系。这将极大地提高公路项目“前向联系”和“后向联系”的外部效果，进而提高高速公路项目的间接经济效益。

2.4 高速公路对路域经济发展的现实影响作用

2.4.1 高速公路对沿线路域经济的促进作用

查尔斯·金德尔伯格和布鲁克·赫里克在《经济发展》一书中指出，经济发展的一般定义：物质福利的改善，尤其是对那些低收入的人们来说，是根除人们的贫困以及与此相关联的文盲、疾病和过早死亡；改变投入产出的构成，包括把生产的基本结构从农业转向工业；以生产性就业普及劳动适龄人口，而不是只以极少数具有特权的人的方式来组织经济活动；以及相应地使用有着广大基础的集团更多地参与经济方面和其他方面的决定，从而增加自己的福利。从这个冗长的定义中，不难提炼出经济发展包含的内容是经济增长、经济产业结构优化和社会进步等。高速公路产业带作为路域经济的重要组成部分，其出现和发展是路域经济协调、倾斜发展的重要战略选择，对路域经济发展具有重大的意义。

1）高速公路产业带直接推动路域经济增长

经济增长是一个国家或地区在一定时期内生产活动最终结果（如国内生产总值或地区生产总值）的增加。高速公路产业带对路域经济具有很大的推动作用，在建设阶段就会对路域经济产生深远影响。高速公路建设项目投资额巨大，而投资可直接拉动经济的增长，高速公路建设单位各种生产要素的收入或者说高速公路建设产生的增加值直接构成了生产活动的最终成果。高速公路通车运营后，亦可产生良好的经济效益，促进经济增长。高速公路产业带的产生是高速公路开发“筑巢引凤”的结果，吸引着新产业、企业的聚集，对路域经济增长具有很大的主导作用和辐射作用。从杜能的农业区位论到当代区位理论，无不强调影响区位形成的自然、社会经济、技术等因素，并且区位理论的形成原因是产业可以利用各种因素的有利条件获得比较优势。高速公路产业带的发展包括一些资源的充分开发与利用，高速公路沿线的一些难以开发的资源，尤其是原材料，在高速公路开通后具备了开发条件，新的行业，如带有明显的原材料指向的水泥、钢铁、木材等行业应运而生；沿线交通不发达及经济落后的地区可利用大量的廉价劳动力发展有劳动力指向的轻纺、食品等劳动密集型产业；高速公路的运量运距很大，可减少生产环节中原料及产品的在途、存储时间，缩减交通环节，缩短流通周期，沿线地区不仅适合发展鲜活、易损的农副产品，而且适合发展有市场指向的资金、技术密集的高技术产业，高速公路产业带主导产业发展可以“连锁”带动相关联的产业发展，并以循环积累的方式扩充产业的规模和实力。例如，高速公路建设后使社会对汽车的需求增加，带动相关联的石化、机械、橡胶等行业的发展。高速公路产业带主导产业及关联产业一般具有发展的比较优势，是高速公路产业带及整个路域经济新增的主要经济增长点，在路域经济增长中起着直接的主导作用，各种产业组织在高速公路产业带空间范围内的产生和发展不仅需要启动巨大的社会投资，还构成高速公路产业带乃至整个路域经济活动的主体，直接推动了整个路域经济的增长。

2）高速公路产业带有利于促进地区经济结构的调整与优化

产业发展形态理论将产业结构定义为国民经济各产业在社会再生产中的比例关系及其变化形态。投资可带动经济增长，但简单的要素投入容易造成低效率、低水平的粗放式增长，而伴随着全球经济一体化浪潮及各国综合国力竞争的日趋激烈，进行经济结构调整和优化以实现高质量增长已成为经济增长的重要手段。高速公路进一步打破了地区的封闭性，高速公路产业带的出现和发展加强了地区经济结构的内部调整与对外联系，有力地促进了地区经济结构的调整与优化。配第在研究产业结构演进时提出：商业比制造业及制造业比农业能得到更多的收入；克拉克研究劳动力在三次产业之间的转移规律时指出：劳动力先由第一产业向第二产业转移，随着经济发展又向第三产业转移；于是便有了配第—克拉克定理，各个国家和地区的经济结构演进也明显表现出高服务化、重化工业化、高加工度化的趋势。高速公路产业带的产生和发展符合产业结构调整的一般规律，遵循产业结构优化的一般原则：

(1)发挥优势原则。大卫·李嘉图的比较优势理论认为，某地区(国)生产某种产品的成本较另一地区(国)相对低，则该地区(国)生产该产品对两地区(国)有利。基于比较优势理论，高速公路的开通加强了地区间的联系，为地区间交易的实现及交易成本的降低提供了现实基础，高速公路产业带的形成与发展首先是在地域分工中获取了区位优势，其产业组成也根据自然、社会、经济的实际条件扬长避短，自主发展，实现自动优化。

(2)协同有序原则。对路域经济的关注很大程度上是因为非均衡发展的客观存在。有限的要素必须倾斜配置以协调发展，具有比较优势的产业需要有辅助性部门的支持，高速公路产业带支柱产业的发展需要各种辅助产业的共生发展以提高经济带的功能，保持产业结构演进的连续性。经济带在倾斜发展中可优先实现结构调整和优化。

(3)市场需求原则。市场机制作用下,需求总量决定了规模,需求结构影响产业结构,有效的供给基于一定的市场需求。高速公路弱化了地域限制,扩大了供给和需求圈,高速公路产业带产业结构的动态调整空间扩大,生产要素(如农村剩余劳动力)转移到非农产业,产品(如农产品)转向以经济效益好的精、深加工产品及鲜活、易损农副产品为主。高速公路产业带各种产业的兴起和衰退同样造成路域经济体系中各种产业结构的比例调整,在路域经济的产业结构调整中扮演着重要角色。

3)高速公路产业带全方面促进路域范围内的社会进步

高速公路产业带有效地促进了路域经济的增长,在增长速度快于人口增长速度的条件下表现为平均个人创造的社会最终成果的增加,即人均收入的增长。经济学最终关注的两个核心问题是公平和效率。高速公路连接发达与发展中地区,人均收入的普遍提高减轻了贫富两极分化的程度,是社会分配的良性发展;人均收入的增加意味着物质生活水平的提高,满足人们日益增长的物质生活需要,是社会生产效率提高的结果,表明高速公路产业带的出现符合经济学研究的两个终极目标,能有效地带动社会进步和经济增长。

高速公路产业带吸收并利用外部的科技成果、信息和管理经验以增强发展动力,同时也加强了路域内联系以促进路域经济全面发展。先进的科技成果和管理经验是衡量社会发展水平的重要标志,信息的快速流通既加强了实现与世界接轨,也是迈入现代信息社会的必要条件。科技是第一生产力、信息化提高市场化水平、有效的管理保证效率的提高,这三个因素作用的结果使得生产方式发生重大变革,就业量和生产效率显著提高,进而促使社会生产力水平提高。

高速公路产业带的先进生产方式和管理水平还造就了一批高素质人才,为经济带乃至整个路域经济储备了更多的人力资本,间接地提高了当地教育水平。另外,经济的增长也促进了教育事业的发展,可提供更多的教育机会并提高教育水平。经济的增长、教育的进步使经济带及路域内人们摆脱了落后观念的束缚,以先进的知识和理念为社会的快速进步做贡献。经济带工商业发展迅速,融城市和乡村为一体,有力地带动了路域的工业化、城镇化,以加快实现路域现代化。高速公路连接的农村地区的,可加强农业与非农业产业的结合,实现农业产业化经营。高速公路产业带内各类工业的发展进一步推动了经济的发展,为路域城市化提供了根本动力。路域城市化的推进表现为路域内高速公路产业带内城镇数量增多及其规模增大,提高了路域现代化程度,工业化、城镇化和现代化的互动发展是高速公路产业带社会进步和路域经济发展的重要表现。

2.4.2 高速公路统筹路域经济发展的重要作用

改革开放以来,全国各地经济都有很大的发展,但由于原有基础、客观条件及改革开放步伐和力度的不同,地区差距呈现继续扩大的态势。该问题通过统筹路域发展来解决:一方面,经济发达地区要继续发挥优势,保持快速发展的趋势;另一方面,经济落后的地区要加快发展,实施西部大开发,推进东北老工业基地的调整改造。高速公路在实现统筹路域发展的改革目标中具有不可忽视的作用。

1)高速公路是联系经济发达地区和欠发达地区的纽带

经过多年发展,我国已初步形成了全国性的高速公路网络,可将东西部地区、经济发达地区和欠发达地区有机地联系起来,实现经济上的优势互补。高速公路具有交通条件的优势,可以实现东、西部地区生产要素与人力资源的交流,充分发挥东部地区资金、管理、人才的优势和西部地区资源的优势,在更广阔的范围内建立经济协作带,以实现统筹路域发展的目标。

2)高速公路有助于形成路域经济的新格局

高速公路使生产力布局得以改变,一些原来相对封闭落后的地区,由于高速公路建成后带来的区位优势效应和产业带效应,成为经济较发达的地区,这种改变在经济欠发达地区表现得尤为明显。高速公路打破了原有的路域经济布局,形成了路域经济的新格局,为统筹路域发展提供了有利条件。

3)高速公路产业带的形成推动了路域经济的协调发展

高速公路产业带是随着高速公路的建成而在沿线出现的经济快速增长路域,无论是东部发达地区,还是西部欠发达地区,其高速公路产业带都会对当地经济的发展产生深远的影响。高速公路产业带改变了以往落后地区仅仅依靠政府的扶持和帮助,单纯以传统产业发展的思维定式,使生产要素和资源能够按照市场经济规律有序地向产业带和开发区聚集,形成新的经济增长路域,并进一步带动周边地区经济的发展。由此可见,高速公路产业带的形成有利于路域经济的发展,特别是对于西部欠发达地区的经济发展,更是具有直接的促进作用。

总之,经济增长是地区发展的重要指标,产业结构调整和优化是经济持续高速增长的引擎,社会进步作为经济发展的更高目标,更与经济增长相辅相成,而高速公路产业带能有效地促进路域经济增长,产业结构调整和优化、社会进步,带动路域经济快速发展。

第3章　路域经济影响范围和层次界定

3.1　高速公路影响范围界定的常用方法

高速公路带动路域发展的能力受空间距离限制，正确划定这一范围是定量分析和科学评价其影响效益的前提。公路项目影响路域的划分主要依据公路的等级、综合运输网络状况、公路沿线及周边地区人文、地理状况等因素，目前常用的划分方法主要是轴线-轴心法和过境行政区法。

3.1.1　轴线-轴心法

轴线-轴心法是指以高速公路为中轴线，向两侧各扩展一定距离形成一条受项目影响的带状经济路域，同时以交通枢纽或交汇点为依据，按其规模及运量大小向四周扩展一定范围，运用经济地理学的轴线-轴心理论划分。

1)梯度函数划分法

梯度函数划分法基于梯度变化规律，主要根据经济指标，确定产业带外边界到高速公路的距离。此外，考虑到经济指标值的时间变化性，可由趋势外推法、回归分析法或者指数平滑法等得出未来一定时期内的经济值，再确定高速公路产业带可以延伸的范围。

2)计算划分法

英国学者 Stewart 为研究一定路域内等级相当的相邻城市间的吸引范围，建立了城市吸引潜能公式。以此为依据，根据高速公路沿线出入吸引力与相关因素的关系，可以建立出入口吸引力公式：

$$E_i = \frac{(m \cdot n_i)^{\alpha} \cdot \left(1 + \frac{P_i}{P_j}\right)^{0.5}}{d_{ij}} \tag{3-1}$$

式中：E_i——高速公路出入口的吸引力；

d_{ij}——两相邻出入口的距离；

m——高速公路的通过能力；

n_i——高速公路的通达性；

P_i、P_j——两相邻出入口所在路域的社会经济指标；

α——常数。

则高速公路出入口吸引半径为：

$$R_i = \left(\frac{E_i}{E_j} \cdot l_i\right)^{0.5} \cdot \frac{d_{ij}}{d_{ik}} \tag{3-2}$$

式中：R_i——高速公路出入口的吸引半径；

l_i——与出入口相连的经济点的经济发展水平比；

d_{ik}——出入口与直接联系的城镇与经济点的距离；

其他符号意义同前。

3)几何划分法

几何划分法以地域和交通吸引无差异为前提，将高速公路沿线路网抽象为几何线网，按一定几何规则将高速公路沿线路域进行抽象划分以确定边界。

当高速公路途经路域仅以高速公路作为主运输路线，且不与其他运输干线通道相交叉时，可以采取“平分角法”得到以高速公路出入口为中心的多边形几何路域，形成串珠状的产业带范围。当高速公路途经路域还有其他运输方式干线组成的综合运输网，则划分方法又可分为“几何平分法”和“垂直平分法”，用于确定高速公路的影响范围。

4)分析法

分析法是依据总运输费用最小的原则，将通过支路与不同主干线相连的经济点的吸引归属路域予以划分，并且可以通过一定的计算分析确定高速公路出入口与其相同的支路上的吸引分界点，然后再划分高速公路出入口处的吸引路域。这样，将高速公路各出入口的吸引路域吸引分界点范围内的各连接支路线段的吸引路域合并起来，经过修正就得到高速公路产业带的范围。

5)标号法

标号法是将高速公路置于路网之中，寻求单位货物从始发点开始，途中利用高速公路部分路段，最后到达终点的全过程运输费用(包括中途装卸费)最小的理想路径。对高速公路存在的复杂路网路径进行清晰的级别划分以后，可以得出货流在各路段(包括高速公路在内)的理想状况下的移动，则各类合理吸引范围可以对应得出。那么,高速公路的吸引路域就是与高速公路相连通的各条支路吸引范围的总和,再加上交汇点本身的吸引范围。

6)电磁场边界计算模型

经济产业带与电磁场在工作原理上有许多相似之处。也可将高速公路的经济产业带看成是一个场。其中,高速公路实体即类似与电磁场中的感应直导线;高速公路上所通过的运输量(此处称为经济价值元)即类似于感应直导线中通过的电流;经济产业带内的诸生产要素即类似于电磁场中的测试电荷。

计算出整条高速公路对任意一点 p 的影响力 F 之后,需确定 p 点处的交通阻抗力 F'。当经济影响力 F 大于交通阻抗力 F'时,p 点位于经济产业带内;反之,当经济影响力 F 小于交通阻抗力 F'时,则 p 点位于经济产业带外,由此即可计算出经济产业带的边界函数 $y=f(x)$。

7)运费-时间模型

高速公路经济带是以高速公路为主要通道和发展轴线,在集聚和扩散机制下以“点-片-带”模式发展演进的带状路域经济系统,交通运输是经济发展的主导因素。

时间和运费最能体现高速公路的运输优势,在界定高速公路经济带边界过程中起着决定性作用。高速公路经济带在运费和时间上得益于高速公路的经济区,随着经济区和路网的发展,高速公路经济带随之发生变化,所以这个模型在时空上也是动态变化的,与高速公路经济带的时空演变相适应。

3.1.2　过境行政区法

过境行政区法是以高速公路所经过的行政区(一般为地、市、县、乡)来划分影响路域。

轴线-轴心法确定高速公路影响区边界不仅要考虑带的形成,还要考虑带与带之间的连接与交叉问题。按高速公路所通过的行政路域进行划分,不仅能够避免纯理论计算结果精确但资料收集、数据处理等操作困难的问题,而且也符合我国目前行政管理体制这一实际国情,有利于为路域的发展规划提供佐证。

3.2　黄石高速公路影响范围界定

根据已有的数据和实际操作难易程度,在研究过程中,重点选取了黄石高速公路中石家庄至沧州这一路段进行相关研究。

在已有的研究中，通过 GIS（Geographic Information System，地理信息系统）技术对高速公路的影响半径进行研究，大致影响半径不超过 20km，为了能够与采集的数据相对应，将路两侧半径 20km 覆盖的主要行政区选为影响路域，主要包括藁城区、晋州市、辛集市、深州市、武强县、献县、泊头市、沧县和沧州市。

第4章　评价指标体系的建立

4.1　评价体系的定义

评价体系是指由表征评价对象各方面特性及其相互联系的多个指标所构成的具有内在结构的有机整体。在本书中，评价体系主要是指对高速公路路域范围界定之后，选择合理的指标对高速公路路域所带来的影响进行评价，从而评估该高速公路对路域经济影响程度的一个整体系统。

4.2　路域经济评价指标体系建立原则

高速公路建设项目综合评价指标体系，是根据高速公路建设项目综合评价的内容而设置的，为了全面反映项目的成功与否，并使指标体系便于操作运算，建立路域经济评价指标体系时应遵循以下原则：

(1)完备性和相关性原则。综合评价指标体系能全面综合地反映综合评价的各种因素，但指标体系中应排除指标间的相容性，消除重复设置指标而造成评价结果失真的不合理现象；不应出现过多的信息包容、涵盖而使指标内涵重叠，但是完全独立的指标不能构成一个有机的整体，因此各评价指标之间应有逻辑关系。

(2)系统性原则。评价指标体系既要尽可能完整、全面、系统地反映综合评价内容的全貌，又要力求抓住主要因素，突出重点。应根据项目的特点及存在的关键问题进行指标设置。各评价指标之间要有一定的逻辑关系，它们不仅要从不同的侧面反映出生态、经济、社会子系统的主要特征和状态，还要反映生态、经济、社会系统之间的内在联系。每一个子系统由一组评价指标构成，各指标之间相互独立，又彼此联系，共同构成一个有机统一体。体系的构建具有层次性，由上而下，从宏观到微观，层层深入，形成一个不可分割的评价指标体系。

(3)可操作性和适用性原则。设置的指标应是能够计算或观察感受到的,能够尽可能地利用已有的或常规的统计数据和调查方法加以确定,便于应用操作,具有适用性。

(4)定量指标与定性指标相结合的原则。高速公路建设项目评价指标应尽可能地量化,但由于项目的特点,存在一些难以定量而只能定性分析的指标,因此应进行定量与定性相结合的分析。

(5)层次性原则。综合评价系统是一个复杂的大系统,它可以分解成若干评价子系统。因此,应在不同层次上采用不同的指标,即在不同的层次上应用不同的指标体系,有利于决策者在不同层次上对评价中的各子系统进行把握。

(6)简明科学性原则。体系的设计必须要以科学性为原则,能客观、真实地反映评价目标的环境、经济、社会发展的特点和状况,能客观、全面地反映各评价指标之间的真实关系。同时,整个评价体系又不能显得过于冗杂,过多的评价指标反而使得评价体系不能发挥其应有的作用,造成错误的评价结果,所以,在评价指标体系的建立过程中应该注意简单明了。

(7)可比、可操作、可量化原则。体系的建立必然缺少不了评价指标的选择,在评价指标的选择上,特别注意在总体范围内的一致性,评价指标体系的构建是为路域政策制定和科学管理服务的,指标选取的计算量度和计算方法必须一致统一,各统一指标尽可能地简单明了、微观性强、便于收集,各评价指标不但要具有很强的现实可操作性和可比性。而且也要考虑定量计算与定性分析的结合。

(8)综合性原则。生态、经济、社会之间的互动双赢既是生态经济建设的最终目标,也是综合评价的重点。在相应的评价层次上,全面考虑影响环境、经济、社会系统的诸多因素,并进行综合分析和评价。当然,在实际应用过程中,并不是每次评价都需要考虑生态、经济及社会三个方面,而是应根据实际分析的要求,对某个层面进行全面综合的考虑,保证分析的完整性和合理性。

4.3 路域经济评价指标的选择与设置

一般来讲,综合目标往往是一种定性的概念,为了建立与定量指标的联系,就必须将综合目标分解为较具体的目标(一般称作“准则”)。这些准则从某一侧面反映了被描述对象的系统结构特征和综合目标对它的要求,将这些准则进一步层层分解,直到能够用较易定量或定性的指标来进行描述,这样便形成了一个指标体系。在统计学中,指标是指综合反映社会现象某一方面情况的绝对数、相对数或平均数。基于以上的解释，可抽象反映出研究对象特征的指标概念：根据研究对象和研究目的，能够确定地反映出研究对象某一方面情况的特征依据，包括数量特征和质量特征。质量特征往往采用定性描述的方式。所谓指标体系是指由一系列的指标所构成的整体，它能够根据研究对象和研究目的，综合反映出研究对象的各方面情况。用指标体系去描述综合性的目标，其关键之处在于寻求一组具有典型代表意义，同时能全面反映综合目标各方面要求的特征指标，这些指标及其组合能够恰当地表达人们对该综合性目标的定量判断。该基本目的便规定了进行指标体系研究的基本任务，即通过分析被描述对象的系统结构和要素，建立综合目标与系统结构及要素间的对应关系，然后根据有关的理论或实证分析去研究定量指标与准则及综合目标的相关程度，从而决定指标的选择与设置。

4.4　路域经济评价指标的建立方法

关于建立高速公路路域经济评价指标的方法很多，本书中主要采用灰色综合评价法。灰色系统理论（Grey System Theory）是由邓聚龙教授于 1982 年创立的，用于解决缺乏经验、少数据、不确定性问题。该理论体系将少数据、不确定性定义为灰性，将具有灰性的系统称为白色系统，将信息缺乏的系统称为黑色系统。

就灰色系统理论的发展而言，1982 年，北荷兰出版公司出版的《系统与控制通讯》杂志刊载了我国学者邓聚龙教授的第一篇灰色系统理论论文“灰色系统的控制问题”，同年，《华中工学院学报》发表邓聚龙教授的第一篇中文论文《灰色控制系统》，这两篇论文的发表标志着灰色系统这一学科的诞生。1985 年，灰色系统研究会成立，灰色系统相关研究发展迅速。1989 年，海洋出版社出版英文版《灰色系统论文集》，同年，英文版国际刊物《灰色系统》杂志正式创刊。目前，国内外众多期刊中发表了有关灰色系统的论文，许多国际会议把灰色系统列为讨论专题。灰色系统理论的应用范围已扩展到工业、农业、社会、经济、能源、地质、石油等众多科学领域，成功地解决了生产、生活及科学研究中的大量实际问题，成果显著。

灰色关联度评价法的基本思路是由样本资料确定一个最优参考序列，通过计算各样序列与该参考序列的关联度，综合分析评价目标，进而对评价目标做出综合分析。灰色关联度评价法适合于对“外延明确，内涵不明确”的对象进行评价，具有一定的客观性。

4.5 评价指标体系的构成

根据综合评价系统分析,运用评价指标体系建立的思路和原则,本书认为可建立如下综合评价指标体系结构。该指标体系体现了高速公路建设项目综合评价的内涵和目的。

1)技术水平指标

高速公路建设项目若想保质、保量、高效地完成任务,就必须抓住技术这一环节,技术贯穿于项目周期的全过程。技术水平指标包括:设计技术水平、交通量预测技术水平、项目结构实体技术水平、结构质量技术水平、运营服务技术水平。其中,交通量预测技术是综合分析建设项目的必要性和可行性的前提和基础,是确定高速公路建设项目的技术等级、工程设施规模以及经济评价的主要依据;项目结构实体是项目从立项、设计到竣工验收过程中设计、研究、管理、施工水平的最终体现,工程结构质量是公路建设项目的关键,其质量品质的高低极大影响着公路交通的运营状态、投资效益、交通安全;运营服务水平是运营期各种技术措施的综合体现。

2)经济水平指标

经济水平指标是从国家的宏观角度和建设单位的微观角度两方面来衡量建设项目的经济水平,一般采用的指标包括:净现值率、内部收益率、总投资年回收额、效益费用比。

3)环境影响程度指标

高速公路建设项目周期可分为前期准备、建设及运营三个阶段,后两个阶段的实施过程中会对环境产生影响,这些影响包括:对生态环境和自然环境的影响。其中,对生态环境的影响主要包括对野生动植物数量、栖息地和水土流失的影响;对自然环境的影响是指施工期和运营期车辆对道路沿线水、大气、景观等方面产生的污染和噪声污染。

4)管理水平指标

管理评价是高速公路建设项目评价的重要组成部分,我国开展公路建设项目管理评价已有多年,但从已完成的评价报告来看,对项目管理评价的研究较少。管理水平指标可分为公路建设项目前期管理水平指标、公路建设项目中期管理水平指标、公路建设项目运营管理水平指标三部分。其中,公路建设项目前期管理主要涉及交通需求调查与预测、项目风险分析、组织机构管理和工程设计;公路建设项目中期管理主要涉及业主和承包人对工程质量、费用和进度的管理;公路建设项目运营期管理主要涉及运营期道路服务水平、道路养护、运营收入以及保证交通量达到设计标准等方面所进行的管理。

5)社会经济效益水平指标

社会经济效益水平指标是衡量项目与人民利益协调程度,考察项目是否最大限度地发挥了其投资和通道效益,是否真正满足了社会经济发展与人民物质生活提高的需要。项目对路域的社会、经济等方面产生的影响,除了体现在道路使用者身上的那一部分微观效益外,主要表现为促进、带动路域内其他相关产业部门的发展而产生的宏观经济效益。

6)交通安全水平指标

道路使用者在追求快捷、方便的同时,越来越注重对行车安全的要求,交通安全状况指标要从人、车、路等因素全面地体现道路运营的安全状况,交通安全状况指标可以采用财产平均损失额和事故率中的亿车公里事故率、亿车公里死亡率指标,这些评价指标可以综合反映道路状况、交通工具的先进性和交通管理水平。

7)目标持续性能力指标

公路建设项目在满足社会发展对其提出适应并适度超前要求的基础上,还要满足公路项目内部和综合运输体系的协调发展,使其与社会、经济、环境、资源等保持长期动态协调发展,最终保证公路交通持久的发展能力和持续的发展状态,促进社会全面进步和国民经济发展的需要。因此,目标持续性能力指标包括:硬件设施、经济效益、环境、资源、管理、技术、体制政策的可持续性能力等。

4.6　路域经济评价指标体系的建立

系统是为按计划完成特定目标而设计的结构因素安排系列。系统在这里包含了三个思想:

(1)作为系统的设计标准需要明确应该完成的目标。

(2)必须进行构成因素的设计,建立它们的序列。

(3)能量和财物等的输入必须按计划分配。

需要特别指出的是,系统在完成特定目标时,必须有物质、资金、能量等方面的计划安排与保证。

高速公路建设项目系统是以满足建设项目地区经济发展引起的客货运量增长的要求为目的,包括从立项可行性报告、初步设计、施工图设计、施工、竣工验收、生产运营等各个有序的工作阶段,在项目实施的各阶段按相应比例投入大量人力、物力和财力,以确保各分阶段目标的实现。

高速公路建设项目综合评价系统是为了提高高速公路建设项目投资决策和运营管理的水平,促进高速公路建设项目的可持续性发展而建立的,目的明确。综合评价工作的顺利开展需投入大量的人力和物力。该综合评价系统应具有系统的六大特征,即目的性、集合性、相关性、阶层性、整体性及环境适应性。从总体上说,这六个特征就勾画出了系统结构的一般形式。通常把目的性作为决定系统结构的出发点,即它统领和支配除环境适应性以外的四个特征;我们还可以将综合评价系统总目标细化,即如何采用最先进的施工技术和管理技术使高速公路建设项目投资效益最好、对社会的贡献最大,同时对环境产生的影响最小等一系列的目标。

4.7 路域经济评价指标

4.7.1 评价指标体系的设置

综合考虑公路项目对经济影响的特点及路域经济发展的特点,根据上文提出的评价指标体系设置的原则,现提出高速公路社会经济评价指标体系的模式,如图 4-1 所示 。

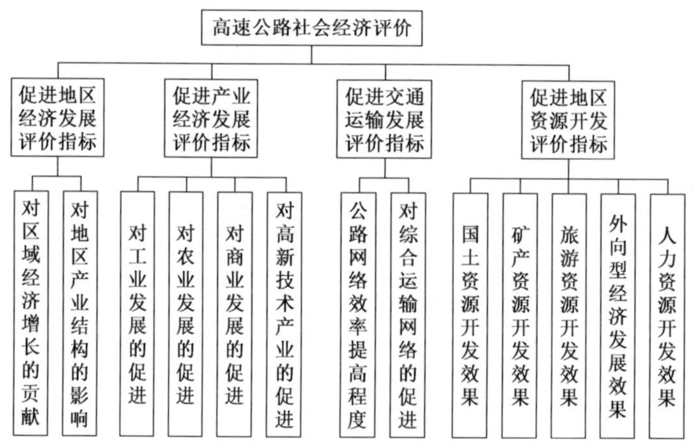

图 4-1 高速公路社会经济评价体系

4.7.2 建立评价指标体系的意义

由于高速公路对沿线路域经济发展影响的评价属于间接影响评价、影响因素多、定量分析评价难度大,因此对其研究尚少,不像公路建设项目本身的经济效益,已有较为规范的方法对其进行分析和评价。

由于公路投资项目具有投资大、工期长等特点,实现的效益主要是间接效益,人们一般多注意到公路项目需要巨额资金投入,而对其能够带来的间接效益尤其是对沿线路域经济发展影响的效益常常估计不足。因此,建立一套科学、系统的高速公路对沿线经济发展影响的评价指标体系具有重要的理论意义和实用价值。

4.7.3　评价指标体系的构建

根据系统性原则、科学性和实用性相结合原则、定量与定性分析相结合原则、引导性原则、可比性原则,经咨询有关专家,选择如下指标构建了评价指标体系。

1)促进路域经济增长评价

一个地区的经济增长是多种因素综合作用的结果,如政策调整、科技进步、增加投入等,交通环境改善亦是促进经济增长的重要条件之一。这里采用“有无比较法”,分别考察建高速公路与不建高速公路两种情况下的经济增长情况。对经济增长的促进包括对增长速度的促进和对增长质量的促进。

我们选择能突出衡量一个地区经济实力的综合性指标——国内生产总值(以下简称 GDP)作为考察对象,分析建设高速公路对 GDP 的贡献。设所要考察的地区 GDP 为因变量 y,其变化有两种趋势:第一种,无此高速公路项目时,影响该地区 GDP 的各种因素保持原有变化,没有发生突变,保持原有的变化趋势,这时我们可以把因变量看成是时间的函数,记成 $Y(t)$,并把这种变化称为固有变化。第二种,有此高速公路项目时,影响因变量的某一因素(这里指公路运输)发生重大变化(突变),而其余各因素仍保持原有变化,那么这时因变量的变化实际上是固有变化与突变因素影响的叠加,即由于某一影响因素(交通)发生突变,因变量在固有变化的基础上又增加了一种新的变化。显然,这种增加了的变化是变化过程中的主要特征。由此可见,由于突变因素(高速公路)的介入,改变了固有的变化趋势,改变量等于实际值减去按固有变化行列的预测值。两者之差就剔除了固有变化的增量,仅表示突变因素对指标的纯作用量。在以下计算中,我们用指标的灰色系统预测函数来求得固有变化函数。灰色系统预测模型,是对已有的一组时间序列信息进行累加处理,得到随机性弱化、规律性强化的“生成列”,以此为基础,施以微分拟合建模,称为灰色模型(GM)。作为预测用的 GM 模型,多数情况下是一个单序列的一阶线性动态模型,可标记为

GM(1,1)。

应用GM(1,1)预测高速公路对路域经济增长速度的贡献,可通过公路对路域GDP增长的贡献率求得。

2)促进产业结构优化评价

高速公路运输系统作为支撑经济增长的基本要素之一,对产业结构演进有着重要影响。现代化的高速公路运输系统往往是商品经济和社会化大生产进一步发展完善的重要前提条件。高速公路运输体系的发展建设状况,往往决定了一个国家和一个地区的产业规模和经济增长水平,决定了其市场边界及其产业的市场竞争和扩张能力。发达的高速公路运输系统,清除了不同地区之间所存在的天然障碍,加速了统一市场的形成;而市场竞争所形成的淘汰机制,又进一步促进了不同产业之间的调整组合,推进路域经济一体化、产业发展规模化、企业经营集约化。这一指标包括工业产品结构的高级化程度、农业产业化和农产品商品化程度、对第三产业发展和对高新技术产业的促进。

(1)评价其对工业发展的促进

在一定的经济发展阶段,需要有一定的运输能力与之适应,以便最大限度地发挥一个国家和地区潜在的经济能力。在发达国家实现工业化的过程中,经历了从纺织工业和冶金原材料工业发展阶段到发展机电和化学工业为主的阶段。此时,要求大宗能源、原材料和主要商品的长距离运输。因此,在这一时期,铁路、内河及沿海水运发挥了巨大作用,同时以汽车为代表的新一代运输工具开始得到普及和使用。到20世纪70—80年代,发达国家开始进入后工业化阶段,主要表现为产业结构的服务经济化、知识密集化与的高附加值化倾向。产品结构的这种变化导致产品结构由重、厚、长大型转为轻、薄、短小型。经济的增长更多地依赖深度加工、技术和信息。经济发展的这种变化对运输质量方面提出了更严格的要求,不仅要满足小批量、灵活多变的生产方式,还要满足“零库存”和全国生产体系的需要。运输速度和频率加快,小批量和特种运输的数量增加,要求“门到门”的国际、国内运输,要求运输服务更加方便可靠。以高速公路为主骨架的公路运输的独特优点,如点多、线长、面广、快速等,正好适应了后工业化社会产品结构对运输的需求。评价高速公路对某一地区工业发展的促进可从以下三方面进行分析:

①该地区高速公路通车前后的工业总产值平均年增长率同全省平均年增长率的对比。

②该地区高速公路通车前后的工业总产值占全省工业总产值比重。

③该地区高速公路通车前后工业企业人均利税率同全省平均水平的对比。

(2)评价其对农业发展的促进

传统农业在很大程度上处于路域性的自给自足状态,高速公路的建成通车和交通环境的改善为农村商品流通和信息交流提供了良好的外部条件,从而使自然经济迅速解体,参与到社会化大生产的行列,推动了农村经济向集约化、商品化和社会化的方向转变。交通条件的改善对农业的影响突显在农业商品率的提高。

农业商品率 = 农林牧渔业商品产值/农林牧渔业总产值 ×100%

(3)评价其对商业发展的促进

高速公路为市场经济的建立提供了更为便捷的交通运输环境,减少了沿线商品交换的运输费用和运送时间,使商品的产地和销地之间的时空距离相对缩短,以此不断地推动商业的发展。高速公路对某一地区商业发展的促进可以从以下两方面进行分析:

①该地区高速公路通车前后社会商品零售总额年增长率同全省平均水平的对比。

②该地区高速公路通车前后外贸额占全省比重的对比。

(4)评价其对高新技术产业的促进

当一条高速公路建成投运 3 ~5 年后,就会使高速公路两端的大城市沿高速公路走向延伸发展,形成以高速公路为轴线,以各处立交桥为轴心的一系列卫星城镇。经济学家称之为“经济走廊”或“通道经济带”。在国际上,许多高技术产业带基于信息、原材料和产品流通的需要,都是沿高速公路两侧发展起来的,如美国加利福尼亚的硅谷、波士顿 128 公路高新技术产业带、英国的苏格兰电子工业中心等。尽管高新技术产业属于工业范畴,但是由于高速公路对于那些批量小而运输频繁、价值高而运输条件要求严格的高新技术产品具有特殊吸引力,其对高新技术产业带的形成有巨大的促进作用,所以将该项指标单独列出。高速公路对某一地区高新技术产业的促进可从以下两方面进行分析:

①该地区高新技术产业开发区的区内新增企业数。

②高新技术企业的利润额。

3)促进交通运输业发展评价

这项指标用于评价高速公路项目的建成对地区公路网络系统整体效率的影响效果,包括公路网效率提高程度和交通运输企业的发展。综合各地区具体的交通运输网络构成情况来考虑高速公路建成后对整个网络更有效运行所产生的作用,可从以下三个方面加以分析:

(1)高速公路建成通车前后,该地区公路货运量、客运量分别占该地区整个交通部门货运量、客运量之比。由此可分析高速公路在本地区综合运输网络中的地位。

(2)高速公路通车前后,该地区整个交通部门货运量、客运量分别占河北省整个交通部门的比重。由此可分析高速公路对本地区整个综合运输网络发展的促进作用。

(3)分析高速公路的建成,对连接机场、码头、火车站所起到的积极作用。

从交通运输综合体系可知,各种运输方式在它们各自根据客观需要扩大运输能力、提高服务水平和实现现代化的同时,应该在全国各地区、城市和乡镇形成相互协调、综合配套、合理方便的交通运输体系。铁路适用于长距离且运量大的客货运输,水运适用于运费低的大量原材料运输,航空适用于长距离旅客及长距离且少量产值高的商品运输;而公路由于灵活机动,特别适用于中短距离(600km 以下)的旅客运输与轻、中量货物运输以及产值较高、要求速达的或门对门的货物运输。与其他运输方式相比,高速公路在综合运输网络中具有更强的辐射力,可通过与其连接的支线公路迅速到达县乡、港口、机场,使汽车运输优势迅速向周边地区扩散,而无须任何中转。作为现代化交通基础设施的高速公路,大大提高了公路运输的合理运距,从而摆脱了以往公路运输在综合运输网络中只具有短途、零散、中转接卸功能的附属地位,在逐渐成为骨干运输力量的同时,以更高水平衔接铁路、水路、航空运输,共同形成了强大的综合运输网络。因此,一条高速公路的建成,不仅要考虑它对原有公路的分流作用,提高公路网的效率,还要注意到它与整个地区交通综合运输网络系统之间的相互关系,考察其对整个地区交通运输网络的影响。对此,可以采用定性分析,综合各地区具体的交通运输网络构成情况来考虑高速公路建成后对整个网络更有效地运行所产生的作用。

4)促进地区资源开发评价

促进地区资源开发评价包括国土资源开发效果、促进旅游资源开发效果、促进外向型经济发展效果、人力资源开发(就业)效果。

(1)评价国土资源开发效果

土地作为生产资料的重要组成部分,稀缺性大,易产生价格波动。在高速公路沿线,由于高速公路的建成,因此改善了该沿线地区的交通状况、基础设施水平和投资环境,改变了这个地区的投资需求,并使地价得以增值,尤其是出入口附近的土地,增值最为明显。

$$\text{土地增值率}=\text{高速公路通车后每亩价格}-\frac{\text{通车前每亩价格}}{\text{通车前每亩价格}}\times 100\%$$

(2)评价促进外向型经济发展效果

高速公路的修建极大地改善了一个地区的投资环境,突出表现在对招商引员发挥积极作用。定性分析纲要如下:

①高速公路通车前后实际利用外资额的增长率同全省平均水平对比。

②高速公路通车前后外贸额占全省比重的对比。

(3)评价人力资源开发(就业)效果

一般来说,一个项目的建设期及投入运行后,会为社会增加在该项目上的就业岗位,有些项目还能带动一些辅助项目或辅助服务设施,提供间接的就业机会。应把就业效果列为衡量投资项目社会经济效益的一个因素,是国内外项目评价专家们较为一致的看法。但如何评价目前尚是一个难题。评价就业效果从理论上说可以用定量的方法进行分析:

①就业人数是建设期就业人年数与营运期就业人年数之和。

②就业收入是就业人年数乘以人均年收入。

③单位投资就业人数是项目就业人数与上下游项目就业人数之和,再除以项目投资额与上下游项目投资额之和。

其中,①②是考虑直接就业效果,而③还考虑了间接就业效果。就业效果虽可以量化,但当考虑了间接就业后,在计算上存在很大困难。如果只考虑直接就业效果,作为公路项目,其所提供的直接就业显然是相当有限的。根据我国的就业现状及发展需求,笔者认为就业指标在不以安排就业为主要目的的公路项目的综合评价中属于参考性指标。

第5章 河北省高速公路暨黄石高速公路对沿线经济的影响作用

5.1 河北省高速公路概况

河北省是我国较早建设高速公路的省份之一，从1987年河北省第一条自己设计、施工、监理的京石高速公路破土动工开始，河北省高速公路已有30多年的发展历程。30多年来，河北省高速公路从无到有、从分布稀疏到形成网络布局，实现了突飞猛进的发展，在国民经济和社会事业发展中发挥了显著作用。经过30多年的快速发展，截至2018年年底，河北省初步形成了河北省高速公路基础网络，高速公路的快速发展，对河北省经济社会和交通运输业发展产生了巨大的促进作用和推动作用。

高速公路已成为河北省公路网主骨架。公路网是指在一个地区，根据交通运输的需要由各级公路组成的一个四通八达的网状系统。公路网可分为干道网和地方道路网。其中，干道网由国道和省市干道组成，地方道路网包括县道、乡镇道路及专用道路等。河北省高速公路发展迅猛，截至2018年年底，形成了以北京为中心，以天津、石家庄为枢纽，辐射河北省内10个中心城市，通达4个港口、2个煤炭基地的"五纵六横七条线"主骨架，建成了省会与省辖市之间、省会与京津及周边省会城市之间高速公路相连接的网络系统。

5.1.1 河北省高速公路运营效益明显

河北省高速公路运营的经济效益逐年增长。截至2018年，河北省已建成高速公路，如京石高速、石太高速、唐津高速、保津高速、保沧高速、京张高速、石安高速、京秦高速、黄石高速、京沪高速、宣大高速、青银高速、沿海高速、廊涿高速、京衡高速、衡大高速、张涿高速、承秦高速等，运营状况良好，在为客货运输提供优质服务的同时，投资成本也在迅速回收。2001—2018年，随着各高速公路的建成通车，巨额的投资成本以通行费年增长30%左右的速度得到了快速、稳定的回收，取得了显著的经济和社会效益，并以蒸蒸日上的趋势不断发展。

河北省各条高速公路全部纳入鲜活农产品运输“绿色通道”范围，对整车合法装载运输鲜活农产品车辆免收车辆通行费。“绿色通道”的开通，大大提高了肉、蛋、奶、蔬菜、水果、水产品的新鲜程度，经过南北贯通、东西相连的高速公路，大江南北的新鲜农产品得以及时运输和送达。

5.1.2　高速公路的社会效益日益凸显

高速公路的建设与发展对沿线路域经济的发展发挥了重要作用，为经济社会科学发展、和谐发展奠定了坚实的物质基础。“十三五”末期，河北省已经形成了围绕京津、环绕渤海、贯通相邻五省的高速公路网络体系，实现了95%的县城30min内可以上高速。

高速公路建设的社会效益主要体现在促进社会和谐发展上，主要表现为促进地区协调发展、统筹城乡发展、加快经济欠发达地区人口脱贫致富等方面。黄石高速公路的建成通车，为沿线各市县项目建设和企业入驻提供了良好的条件。事实表明，高速公路的建设不仅促进了高速公路沿线人们思想观念的巨大变革，而且为沿线路域城乡居民带来了大量的就业机会，对于路域产业结构调整、生产力布局、缩小城乡发展差异、加快落后地区的发展步伐，具有重要的作用。黄石高速公路的建成通车，直接拉动了沿线市县GDP的增长。

5.2　黄石高速公路概况

黄石高速公路设有藁城东、晋州、辛集、深州西、深州东、衡水、衡水北、武强、大陈庄、淮镇、河城街、崔尔庄等12个收费站。黄石高速公路既是一条促进冀中平原经济发展的大通道，也是西煤东运出海的大动脉。随着河北省经济和交通运输业的飞速发展，黄石高速公路在河北省“五纵七横”高速公路建设中发挥着重要作用，尤其是在改善对外投资环境、扩大对外开放、促进河北省和环渤海经济区及中南部地区的经济发展，推动沿海经济强省建设和省会石家庄的经济腾飞，促进南北通衢、东出西联等方面起到极大的推动作用。黄石高速公路沧州至黄骅段（又名沧黄高速公路）的竣工通车，使由省会石家庄最便捷的出海公路大通道就此打通，从省会石家庄驱车到黄骅港仅需2.5h，行驶时间比在黄石高速公路缩短大约1h。

省会石家庄对外贸易量在河北省占重要地位,但是由于其不沿海,对外贸易主要通过天津港,少量通过山东省的青岛港。两个港口与石家庄尽管都有高速公路相连,但距离相对较远,从石家庄到天津港,公路距离约400km,从石家庄到青岛港,公路距离更远,约六七百公里,一是行车时间长,二是跨省,存在诸多不便。黄石高速公路沧州—黄骅市段的通车,为石家庄开辟了一条更为便捷的公路出海通道。对省会发展外向型经济,实施“东出西联”发展战略,在建设沿海经济社会发展强省中发挥着重要作用。

黄石高速公路与多条国省干线公路和高速公路相连,它东起黄烨港,西接石太高速公路,在石家庄与石珠高速公路相交,在衡水市与大广高速公路相交,在沧州市与京沪高速公路相交,在黄骅市与津汕高速公路相交,同时跨越107国道、106国道、104国道、205国道等多条国省干线公路,之后直达黄骅港。这条高速公路的通车,使河北省南部形成了比较完善的高速公路网络。

5.3 河北省高速公路对交通发展的影响

5.3.1 促进河北省高速公路网建设

1)河北省公路网以高速公路为骨架

截至2018年年底,河北省高速公路通车里程已经突破了5000km,“五纵六横七条线” 的高速路网新布局已形成。河北省“五纵六横七条线”高速公路主骨架已经形成了省内各设区市之间、设区市与京津及周边城市之间的高速公路网络,极大地缩短了省内中心城市间以及与外省的运输时间,并且对于推进城镇化进程,服务京津冀经济一体化,促进环渤海湾经济圈发展,可谓意义重大。

以高速公路为主骨架、以干线公路为重要连接、以农村公路为毛细血管,较为完善的公路网络和运输体系的建设与发展,预计到2020年,河北省将形成路域公路网布局合理、物畅其流、人畅其行、经济环保,以国家高速公路网和地方高速公路网为骨干,等级以上公路网为快速联络通道、城市道路和县乡公路直达门户的现代公路网。

2)黄石高速公路沿线的农村交通状况极大改观

河北省高速公路修建的另一特点是注重沿线城镇、农村的有效利用,提升了高速公路利用率,推动了沿线交通发展,直接增强了与地方的联系。而农村特色农业发展迫切需要有效利用高速公路带来的高效率和低成本,所以在干线公路不断完善的情况下,农村公路建设成为农村经济发展、农民收入提高的必然途径。

3)路域通道形成,客流货流繁荣

随着河北省立体式公路网的形成,黄石高速公路沿线各市(区、县)之间的路域通道都已经形成,各中心城市之间已经实现了公路交通的无缝隙连接,公路交通的改善直接带来了路域人流、物流的增长及汽车拥有量的激增。

5.3.2　构建立体式交通格局

1) 高速公路连接着各大港口

京秦高速公路和沿海高速公路与秦皇岛港直接相连,秦皇岛港与北京和河北腹地紧密相连,承秦高速公路与秦皇岛港紧密连接,从而打造了西煤东运的高速公路通道;京唐港除了与沿海高速公路相连外,还与唐港高速公路搭建了唐山与京唐港之间的快速通道,通过这条高速公路与京秦、长深等高速公路连接,构建起了京唐港的高速公路支撑平台;曹妃甸港与唐曹高速直接连通,并与沿海高速公路连接;最南端的黄骅港与黄石高速公路直接相连,打通了东西方向的快速运输通道,而沿海高速公路贯穿全省,打通了黄骅港的南北方向的快速运输通道。

正是有这些高速公路的连通和支撑,使河北省港口得到了快速发展,见表5-1。河北省港口货物的吞吐量在2000年之前在低位震荡,而在2000年之后开始迅速攀升,这与河北省高速公路的发展时间基本契合,明显地体现出了高速公路对于沿海港口发展提供的有力支撑作用。截至2017年年底,黄骅港吞吐量已达到2.70亿t。

2)黄石高速公路将沿线市县与空港联结

黄石高速公路沿线市县最近的是石家庄正定机场,它极大地方便、快捷了旅客的登机需要。随着高速公路路网的加快建设,河北省积极打造全方位、立体式的大交通格局,“十三五”期间,河北省将改造扩建石家庄正定机场,打造成路域型枢纽机场、北京主要分流机场和备降机场,加快秦皇岛、张家口、承德新机场建设和邯郸机场改扩建,谋划建设沧州、邢台机场,从而使河北立体式大交通的格局基本形成。

5.3.3　黄石高速公路运输能力提升

1)公路运输能力不断提升

河北省公路网的发展,带来了黄石高速公路沿线交通运输能力的迅速提升。

在此，我们仅通过衡水公路客运和货运周转量两个指标的变化情况对黄石高速公路运输能力的提升加以证明。如图5-1所示，2003—2012年衡水市公路客运周转量从22.8亿人公里增长到了39.47亿人公里。这一变化直观地反映了黄石高速公路沿线客运总量和客运里程的双重增长态势，是高速路网建设中公路运输能力提升的一个直接体现。

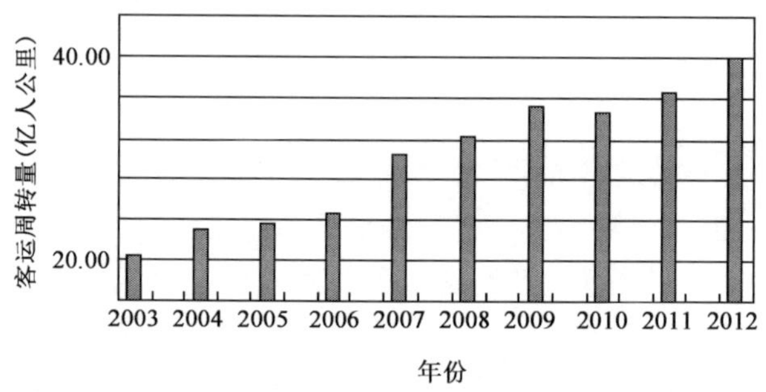

图5-1 2003—2012年衡水市公路客运周转量变化情况

由图5-2可以看出，2010—2013年衡水市公路货运周转量呈持续增长态势，这得益于货运总量和货运历程的双重增长，直接与黄石高速公路运输能力提升相对应。公路货运周转量从2010年的177.8亿吨公里提高到2013年的300.7亿吨公里。

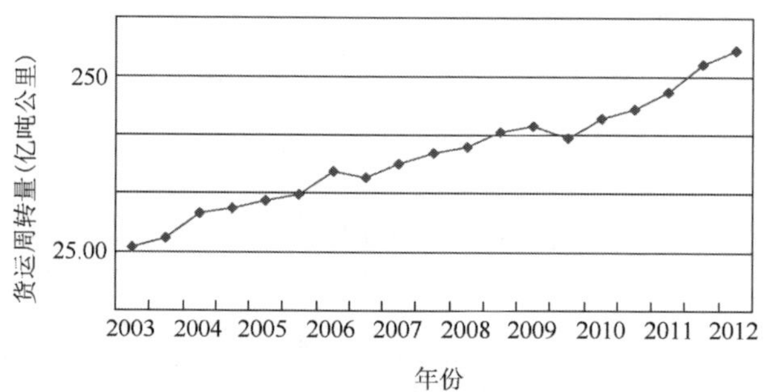

图5-2 2003—2012年衡水市公路货运周转量增长情况

注：数据来源为历年经济年鉴。

2)高速公路发展推动了全省运输结构的优化

随着河北省以高速公路为主导的高等级公路的网络化发展，高速公路已成为主要运输通道上的骨干运输方式之一，并有力地促进和推动了铁路、民航、水运等运输业的发展，提高了火车站、港口、机场等客货运枢纽的覆盖面和辐射能力，合理地优化了河北省的运输结构。

从表5-1中可看出，随着河北省立体式交通网络的基本成型，黄石高速公路沿线公路交通的主导地位更加稳固并不断增强。此外，高速公路货运总量提升的同时，带动整个货运结构发展为以高速公路为主导，以铁路、港口为支撑，以水运、民航、管道为补充的运输结构。该运输结构是高速公路网络快速发展的一个必然结果，这一结构不再单纯依赖某一运输系统，而是在河北省运输系统能力不断提升的前提下，朝着多元化的方向发展，应急能力更强，因此结构更加合理，对路域经济社会发展的支撑力度也更大。

黄石高速公路沿线货运周转量（亿吨公里） 表5-1

年份	石家庄	衡水	沧州	晋州	黄骅	辛集	藁城	深州
2002	10.01	29.1	85.08	1.4699	80.437	1.23	1.12	0.87
2003	79.18	27	80.31	1.5727	77.21	1.35	1.04	0.91
2004	76.27	29.1	103.52	1.6985	80.45	2.0	1.88	1.07
2005	63.17	34.4	98.88	1.8191	65.87	2.6	2.76	1.32
2006	64.15	35	100.08	2.0068	81.43	3.04	2.98	1.47
2007	86.53	37.4	102.65	2.1080	82.99	3.05	3.01	1.70
2008	127.54	38.3	139.43	2.1861	83.00	2.5	2.44	1.84
2009	410.87	73.1	430.20	4.2279	184.87	3.2	3.10	1.93
2010	550.57	177.8	560.67	5.578	437.65	4.1	4.01	2.07
2011	4088.0	219.9	4487.45	6.8425	466.31	5.5	5.33	3.02
2012	5622.11	256.8	5593.70	7.1757	490.56	6.9	6.45	3.33

从表5-2中不难看出，相对于货运的多元化发展路径，客运的情况却恰恰相反，截至2012年，高速公路运输呈现出继续增加的态势。这主要是因为河北省公路网的形成和完善，高速公路与铁路相比，直接带来了时间成本的节省，再加上近年来河北省汽车保有量的不断攀升，因此高速公路客运总量在整个运输结构中的比例不断增加。

黄石高速公路沿线客运周转量（亿人公里） 表5-2

年份	石家庄	衡水	沧州	晋州	黄骅	辛集	泊头
2002	7.28	24.3	45.70	1.1495	37.11	0.000114	23.45
2003	6.14	22.8	42.33	1.2218	33.70	0.000116	24.34
2004	8.52	24.5	44.86	1.3220	34.76	0.7856	25.22
2005	11.45	27.2	43.37	1.3920	34.89	0.6937	26.66

续上表

年份	石家庄	衡水	沧州	晋州	黄骅	辛集	泊头
2006	17.36	26.6	46.78	0.7159	35.98	0.6026	26.87
2007	20.33	29.6	47.82	0.7107	37.34	0.2675	26.98
2008	97.62	31.1	57.30	0.9020	38.66	0.9001	27.06
2009	45.66	15.1	49.65	0.8720	39.45	1.1401	27.99
2010	55.70	17.9	50.21	0.9809	39.70	1.4743	31.08
2011	53.4	20.3	51.29	1.1874	40.76	1.9903	32.29
2012	54.56	21.5	52.63	1.2427	40.62	2.5077	33.78

3)高速公路的发展提升了公路交通的应急能力

(1)节约了时间成本。在高速公路通车前,黄石高速公路沿线市县如有事需到省会石家庄办理时,来回至少需要2天时间。而现在,大部分县市到石家庄的时间在0.5~2h,这就意味着一天就可以往返一个来回。可见,高速公路带来了整个社会时间成本的节省。

(2)黄石高速公路沿线交通事故率下降。高速公路在交通安全上也发挥了重要作用,很多高速公路吸引了其他公路多达70%的交通量,而这些低等级公路的事故率通常比高速公路要高得多,交通分流大量降低了现有公路的事故件数。根据交管部门的统计数据显示,黄石高速公路开通后,河北省石家庄—沧州原307国道的事故数下降了近三分之一,衡水段原有公路事故数则下降了近40%。

(3)高速公路在应对突发事件方面发挥着重要的支撑作用,为黄石高速公路沿线各级政府部门快速高效处置突发事件提供了必要条件,能为突发事件提供亟须的运力保障。

▶▶▶ 第6章　黄石高速公路对路域经济动态模型分析

6.1　经济效益分析

作为社会基础服务系统,交通运输产生的社会经济效益要远大于交通运输部门自身的经济效益，这一点已成为共识。与普通道路相比，高速公路的经济效益无论在效益的产生方式、相关性、显著程度等方面更具有特殊性。高速公路的建设对国民经济的发展具有重要意义,在加速物资生产、流通,促进与其他运输方式的联运,促进工业和大城市人口向地方分散,节省运输费用,缓解道路交通阻塞,改善旅行条件,减少交通事故,加快沿线地区经济发展,提高沿途土地价值等方面发挥着决定性的作用。

6.1.1　直接投入经济效益

直接投入经济效益是指高速公路建设过程中，由于项目的投资建设，刺激路域内相关产业及部门的生产，进而所带来的经济增长效益。其扩散途径是由交通直接投资转化为社会需求，通过市场机制转化为对相关产业的间接投资，最终体现为路域经济的增长。黄石高速公路投资建成以后,对沿线各市(区、县)GDP的增长会有一定程度的贡献,投入产出的直接消耗系数可以反映国民经济各部门间的技术经济联系和依赖关系,可以测算出投入直接消耗各部门产品和服务。

从高速公路的通行费收入情况看,高速公路建成初期,车流量较少,短途出行较多,通行费收入少。为了吸引周边车辆到高速行驶,车辆通行收费单位价格也相对优惠。高速公路运行3~5年后,征缴的通行费迅速增加,进入投资黄金回报期。

1991—2000年,黄石高速公路通车伊始,通行费收入较少,2000年通行费收入接近 1900 万元。此后,从 2001 年开始,每 3 年形成一个周期,到 2009 年共有 3 个周期现象出现。在一个周期内,前两年通行费收入上升速度快,后一年减缓或回落。第一个周期(2001—2003 年),通行费收入上了亿元台阶,年均增加近 6000 万元,2003 年年底达到 1.98 亿元。这与 2000 年 12 月底黄石高速公路(石家庄—沧州)全面通车有关。第二个周期(2004—2006 年),2004 年比 2003 年通行费收入提高了一倍多,一举上升到 4 亿元台阶,2006 年超过 5 亿元,平均每年增加 1 亿元。2007 年 10 月,沧黄高速公路(沧州—黄骅段)通车,又带来通行费收入的 2 年高增长。第三个周期(2007—2009 年),前两年通行费增加,2008 年达到了 10.11 亿元,2009 年有一定程度下降,回落到 9.93 亿元。黄石高速公路的收费情况如图 6-1 所示。1999 年通行费为 15 元,2002 年通行费增长到 48 元,3 年增长了 2 倍多。此后几年,通行费增长平稳,2006 年通行费达到 60 元。2007 年实行计重收费后,单车通行费费用超过 100 元关口,2008 年通行费高达 160 元,应该与大型车辆集中通行有关,京石高速公路限制大型车辆通行,而在黄石高速公路上,5 轴、6 轴车辆可以通行。2009 年单车通行费费用降低到百元左右的正常水平。黄石高速公路沿线各收费站车流量及通行费见表 6-1。

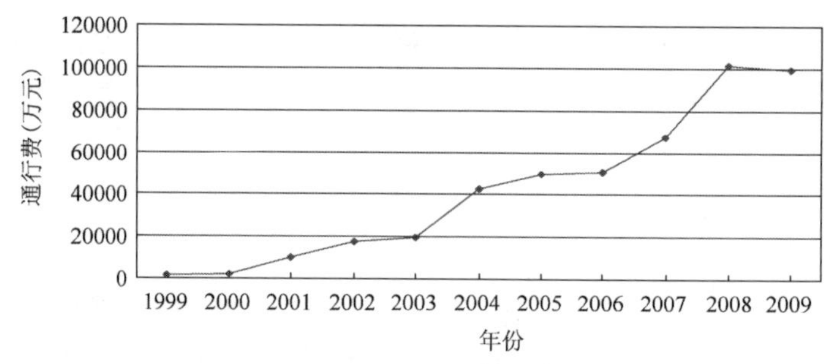

图 6-1　黄石高速公路通行费情况

高速公路是一项投资大、回报期长的项目。随着科技的进步、资金的快速到位,新建高速公路回收成本期限一般在 13 年左右。由于新建的高速公路在运营初期,从附近普通公路和高速公路分流少,驾驶员选择路线具有惯性思维,随着交通量加大,周边公路负荷增加,一些新增交通流量会向新建高速公路转移。

6.1.2　高速公路营运经济效益

营运经济效益是指公路项目建成后，改善了路域交通状况，降低了运输成本，促进了公路运输业的发展，刺激了路域间客货运量的增加，对各个相关部门净产值的增长做出了重大的贡献。

表 6-1

黄石高速公路沿线收费站车流量及通行费

年份	藁城东站		晋州站		辛集站		深州西站		深州东站		武强站		大陈庄站		河城街站	
	车流量（万辆）	通行费（万元）	车流量（万辆）	通行费（万元）	车流量（万辆）	通行费（万元）	车流量（万辆）	通行费（万元）	车流量（万辆）	通行费（万元）	车流量（万辆）	通行费（万元）	车流量（万辆）	通行费（万元）	车流量（万辆）	通行费（万元）
1999	189333	225	32546	162	444426	411										
2000	150732	55	289697	221	726739	736.9	4136	9	1859	3	2255	4	5518	9	2044	2.34
2001	308964	517	282547	331	508450	567	250974	441	141798	26	120438	279	263199	559	63802	139.2
2002	516306	788	361605	477	634075	739	431968	822	180260	507	92990	306	311598	893	153545	339.09
2003	710838	935.8	389545	599	669326	825.7	396740	827	126927	389	82987	248	414229	1144	159707	355.73
2004	1080605	1494.36	580555	891	922503	1375.3	534780	1077	165975	455	169100	406	449963	1397	266042	689.74
2005	1554789	1224.90	552107	996	992837	1629.3	814257	1441	191082	473	189640	329	484142	1499	298499	699.43
2006	1858965	1298	912758	1105	989309	2012.3	908861	1521	217081	583	218296	397	658448	2848	347781	96.46
2007	1967165	2336.96	697577	2775	1107765	3011.9	1279744	2882	402506	2145	281938	556	837750	7264	803504	3070.89
2008	2421086	4239.43	1201061	4086	1356136	5098.2	1245945	4456	368580	2494	335286	1005	1120372	12821.1	660323	5805.69
2009	2403242	3362.38	1350914	4418	1520533	5866.1	1484998	3754	480369	2921	369086	1763	745943	10418.3	671248	1972.49
2010	2418339	3883.24	1602483	4900	1907740	6203.8	1771139	3899	1006258	2543	668126	2463	608608	5842	740416	2901.06
2011	2413605	4313	1775212	2958	2147163	6196.1	1797696	3576	1082961	2449	781852	1909	953174	4514	1003384	3087.47
2012	3022943	4170.51	2148297	5759	2536113	5882.2	1993019	4765	1120853	2375	787889	1771	1145578	5558	1128204	2367.82

续上表

年份	淮镇站		崔尔庄站		沧州西站		沧州东站		沧东开发站		黄骅南站		黄骅东站		黄骅港站	
	车流量（万辆）	通行费（万元）	车流量（万辆）	通行费（万元）	车流量（万辆）	通行费（万元）	车流量（万辆）	通行费（万元）	车流量（万辆）	通行费（万元）	车流量（万辆）	通行费（万元）	车流量（万辆）	通行费（万元）	车流量（万辆）	通行费（亿元）
1999																
2000	4205	2	3005	3.33												
2001	29582	83	144481	420.62												
2002	3515	12	186334	689.11												
2003	56211	191	147086	545.42												
2004	91630	371	187090	839.97												
2005	203701	546	297667	962.24												
2006	309641	975	519641	1560.07												
2007	310213	1402	623583	2829.06	1144116	2478	668718	1936			509010	1756.81	286259	1010.67	24005	50.92
2008	224311	2708	562769	4660.09	1787633	4393	731107	3674			440313	2344.48	416928	1609.56	351412	1325.15
2009	191893	514	1073191	7551.78	2319269	5764	1383837	5816			1310425	4611.94	559807	1649.29	529593	1792.48
2010	435931	2677	958261	5387.62	3112095	5920	1292045	4710			819768	2900.29	572759	1686.22	796168	2809.73
2011	556520	1569	1047325	4269.9	3388372	5658	1527532	5158			967182	3152.65	709668	1980.83	937565	3268.28
2012	6752863	1451	1345665	3128.39	4041642	6160	1633839	4177	13526	39.74	961084	3305.90	552999	2213.41	732360	2304.92

1)时间节省所产生的经济效益

高速公路具有运量大、高速、舒适、安全等功能,即高速公路有大的交通容量,由于全立交、全封闭、分向分道行驶,行车速度快,车流均衡,减少了交通阻塞和事故发生,缩短了运行时间,减少了货物在运输过程造成的损耗。河北省的高速公路主要为双向双车道,每条单行线上有一备用车道,高速时速 100 ~ 120km,客运平均时速 100km,中长途比例多。普通公路双车道居多,普通公路限速 60km/h,客运平均速度 50km/h,短途运输比例大。因此,高速公路运输客运量相当于普通公路的 4 倍。

(1)劳动力时间节省产生的经济效益

在运输时间节省的研究中,一般分为客运和货运的时间价值。高速公路中通行的客流中有劳动力人口和老年人口、儿童、学生等,老年人口、儿童、学生在高速公路上可以享受到便捷、舒适的服务,这种服务的价值可以体现在运输成本或客运购票价格,劳动力人口在途中,既享受了高速公路服务,也节省了在途时间,进而提高其工作时间。

衡量劳动力时间节省产生的经济效益可以考虑以下因素:

①车流量,按不同类型客车的核定载客人数和实载率计算。例如,小汽车,通常可以乘坐 4 人;按 3 人计算,9 ~ 30 座客车可以按平均载客 20 人计算;30 人以上客车多为长途客运汽车,载客比例应在 80% 以上。

②乘客中劳动者比例,考虑因素包括就业人口比例和外出人口结构。2010 年年初河北省常住人口达到 7034.4 万人,其中就业人口占 54% 左右,外出人口中,老年人口、儿童、学生平时外出较少,多数为劳动人口。因此,乘客中劳动者比例应在 60% 以上。

③乘客平均出行距离。2003—2010 年全国公路旅客平均出行距离为 55km,即相当于普通公路 1h 车程,高速公路平均出行距离应该在其 2 倍左右,确定为 106km,相当于高速公路上客车运行 1h。

2008 年河北省公路运输人数 8.77 亿人(次)多,相当于全省每人出行 12.5 次,旅客周转量 1236.65 亿人公里。由于无法获得详细的高速公路客流统计数据,参考线路长度,按 1∶8 比例划分旅客周转量,高速公路运送旅客达 100 亿人公里,城乡劳动力价值每小时 6 元。2008 年高速公路为旅客节约 6000 万小时的工作时间,合经济效益 3.6 亿元。

(2)货物运输时间节省产生的经济效益

高速公路货车速度最高速度为 100km/h,平均时速为 90km/h,普通公路车辆限速为 60km/h,平均速度约为 50km/h。由于高速公路是双向多车道,其货物运力是普通公路3倍以上。

货物在途时间节省产生的价值可用以下公式表示：

$$B = P \cdot Q \cdot T \cdot R/24 \qquad (6\text{-}1)$$

式中：B——货物在途时间节省产生的价值；

P——每吨在途货物的平均价格；

Q——货物周转量；

T——运输节省时间；

R——社会贴现率。

①每吨在途货物的平均价格。公路运输的主要货物包括生产资料和商品，商品的单位价值高，而生产资料的数量大。例如，空调等电器价格很高，轻体货物如衣服等价值也很高，粮食、蔬菜等产品价值低。生产资料有煤炭及制品、金属矿石、石油天然气及制品、矿建材料、钢铁、非金属矿石、水泥、木材、化肥和农药等，其中煤炭及制品的运输量最大。以煤炭平均价格700元/t和港口货物进出口结构为参考，在途货物平均价格为1000元/t左右。

②货物周转量。按普通公路与高速公路的线路长度1∶3.6计算货物周转量，高速公路的货物周转量达到65.6亿吨公里，占7.36%。

③运输节省时间。在高速公路上，每吨公里货物周转比普通公路节省时间约为0.008889h。

④社会贴现率。由国家发展和改革委员会公布，现为12%。

⑤货物在途时间节省产生的价值按式(6-1)计算，结果为2.9亿元。

货物运输在途时间节省产生的经济效益高达2.9亿元，高速公路的运营为企业、商家和个人的货物运输降低了成本，提供了更为广阔的利润空间。

2)运输成本下降产生的经济效益

无高速公路时货物运输成本在0.40～0.45元/吨公里(我国铁路货物统一运价)，有高速公路时货物运输成本在0.25元/吨公里左右，运输每吨公里货物相差0.15元。

总体来说，高速公路运输比普通公路运输成本低。

6.1.3 高速公路对经济发展产生间接经济效益

间接经济效益是指在现代化社会条件下，高速公路对其影响路域的经济发展变化的增强和传导的作用形式。它主要指高速公路建成通车后，使周边地区交通条件改善，形成投资热点，导致沿线土地增值，促进路域经济超常增长所产生的经济效益，以及受产业间投入产出关联因素的影响，某一产业受益，将引发其他连带产业的发展，而这些连带产业的发展又反过来使该产业的效益增加。高速公路对经济发展的影响，不仅产生直接投入经济效益和运营经济效益，更多地表现为间接经济效益。

随着社会经济的不断发展，高速公路运输在整个社会经济发展中的地位日趋重要，高速公路建设也受到社会各界的广泛关注。高速公路建成运营并与航空、高速铁路连接后，形成了一个高速运输系统，从而大大加快了客流、物流的运转速度。我国高速公路建设主要以改善地区交通状况、带动地区经济发展为目的，高速公路与铁路一起形成交通大动脉，促进路域经济的联动发展，推动国民经济快速发展。

1）高速公路与地区生产总值

高速公路建设是社会经济发展到一定阶段的产物，社会发展，经济总量增长，货运周转加速，人们生活生产的节奏加快，对交通运力的需求提升。同时，高速公路发展对改善交通环境，调整交通结构，促进交通业快速发展，增加客流、物流具有重要作用。

例如，2002—2012 年，黄石高速公路沿线市（区、县）10 年间地区 GDP 增长速度明显加快。

辛集市 辛集市位于黄石高速公路上，属环京津、环渤海城市群。其北面距离北京 300km，距离天津 300km，东临黄骅市 230km，西边距离石家庄 65km。

黄石高速公路于 1999 年通车，横穿辛集市，辛集市辛集盛产皮革制品，市内设地方铁路专用线及货场，货物可直接抵达我国香港，以及俄罗斯、意大利、美国等数十个国家。便捷的交通网络使得辛集市成为华北地区重要的交通枢纽，是“京津冀经济圈南部经济支撑点”。省道、县道与国道和高速公路紧密相连，和乡道形成密集的交通网，市域构建了四通八达的公路交通网，有力地促进了辛集市经济社会既好又快地发展。

2019 年，辛集市 GDP 达 76.2 亿元，比 2002 年增长了 9.7 倍；10 年间，各产业增加值均实现了高速增长，财政收入达 12.6 亿元，是 2009 年的 25.6 倍。

2）高速公路与产业结构调整

高速公路通过消除运力和动量之间的矛盾，推进路域间、企业间专业化协作和城镇间的产业链延伸，充分开发出路域生产要素的比较优势，从而优化路域产业结构。从 2003—2012 年各产业 GDP 比重来看，前两年趋势与后面各年趋势相反，说明高速公路建设初期，通车里程短和车流量少，同时一些路段也处在试运营阶段，高速公路对经济结构调整影响小。2012 年第一产业比重较 2003 年下降了 9.59%，第二产业上升 7.8%，第三产业上升 1.79%。数据表明，高速公路建设对第二产业促进作用尤为突出。第二产业主要由采矿业、制造业、建筑业、房产业及公共事业构成,这些行业产生大量的人流和物流,需要便捷的交通保障,高速公路成为其中短途运输的主要通道,推动了第二产业快速发展。河北省第三产业总量稳步提升,第三产业结构变化稳中有升,高速公路对第三产业比重也有提升作用。高速公路在促进第一产业发展特别是农业产业化发展的同时,也由于第二、三产业比重上升,形成第一产业比重下降,产业结构向合理的方向转变。

藁城区 藁城区有1条高速公路、1条国道、6条省级道路、5条县级道路,基本形成"六纵七横"的公路网络,公路总通车里程达到1205.4km,公路密度为144.187km/百平方千米。石德铁路横穿全境,北邻石家庄机场。公路、铁路、航空为藁城区居民的生产生活和经济社会发展提供了十分便利的交通条件。藁城区各产业生产总值比重如图6-2所示。

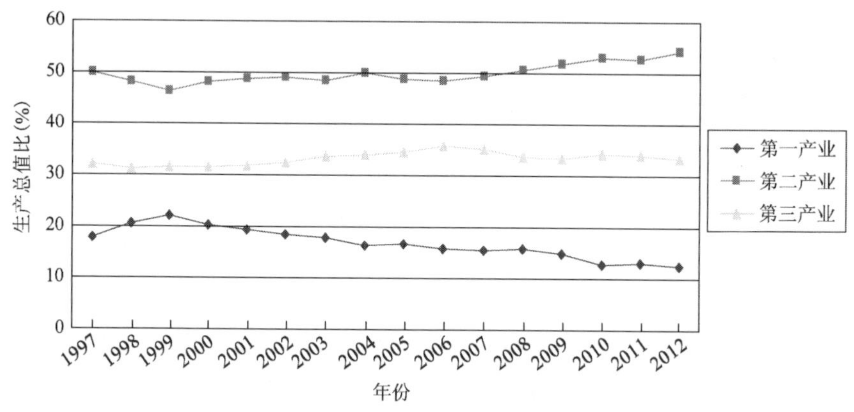

图6-2 藁城区各产业生产总值比重

黄石高速公路于1998年建成通车,并与全国高速公路路网实现对接,其藁城段全长25.5km。黄石高速公路的建成通车,大大缩短了藁城区与周边大中城市的时空距离,东至黄骅港、北至北京均只需2h,高速公路的建成通车,促进了对外经济、文化、人文和政治交流,促进了第二、三产业的快速发展,加快了农业产业化、工业化和城镇化进程。

藁城区产业不断拓宽,结构逐步优化。经过多年的发展,藁城区的工业企业由少到多、由小到大,由初期加工水平较低、科技含量较低、附加值较低的纺织服装、食品加工、板材家具等行业发展到现在的(包含装备制造、循环化工、生物医药、电子信息、新材料、轻工烟草等)多个行业,行业规模逐步扩大,科技含量、生产水平日益提高,产业链条逐步拉长。特别是近几年,随着投资环境的进一步优化和农业产业化步伐的加快,为企业的发展提供了更广阔的空间。涌现出了一大批规模较大、实力较强的生产企业(如冀凯金刚石、翼辰实业、四方通信等),石家庄烟厂和华药、石药的搬迁企业相继建设投入运行,各行业企业的建成投产,丰富了藁城区的产业构成,有力地推动了该地区产业结构的优化调整。2012年,生物医药、循环化工、装备制造、纺织服装、食品加工五大主导行业的龙头企业完成产值287.7亿元,占全部规模以上工业企业产值的68%。其中,生物医药完成产值16亿元;循环化工完成产值64亿元;装备制造完成产值60.8亿元;纺织服装完成产值52.2亿元;食品加工完成产值94.7亿元。

3)高速公路与就业结构

2003—2012年,各产业就业人员比重如图6-3所示,第一产业下降18.8%,第二产业上升6.86%,第三产业上11.94%。15年间,第一产业就业人员比重迅速下降,第二产就业人员在波动中提高,第三产业逐年上升。

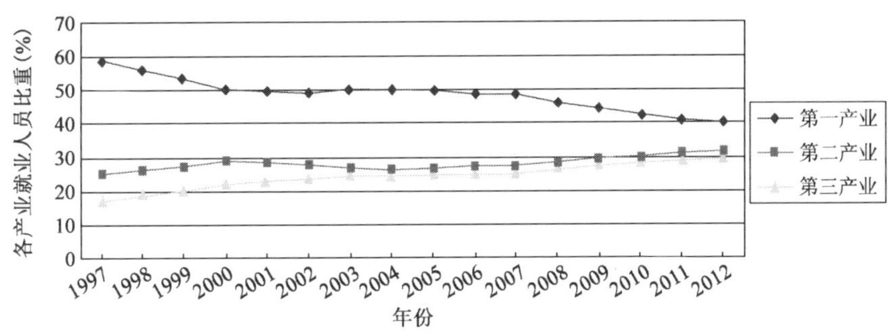

图6-3　各产业就业人员比重

河北省经济结构中第二产业比重高,产生的物流大,消耗能源多,占用投资多。由于高速公路的发展,交通状况好转,农民向城镇转移的速度加快,给第三产业发展提供了更广阔的空间。第三产业是现代经济发展中科技实力的体现,是进一步优化产业结构的必然选择,在拓宽就业渠道、开发劳动力富裕的"人口红利期"等方面发挥着重要作用。

6.1.4　高速公路与经济发展动态模型关系分析

据有关专家研究,我国高速公路与经济发展存在协整关系以及Grange因果关系,并构建了向量自回归模型,进行了我国高速公路与经济发展的实证分析。因此,本书参考了1997—2014年河北省高速公路与经济发展状况的年度数据,构建反映高速公路与经济发展动态关系的向量自回归模型。

用高速公路里程(HGL)来反映高速公路的发展状况,用地区生产总值反映经济发展状况。选用2003—2012年河北省高速公路线路里程和生产总值作为原始数据(见表6-2),考虑各年度数据可比性,将地区生产总值数据用1978年地区生产总值为100的生产总值指数(RGDP)替代,为了消除异方差和数据剧烈波动影响,将时间序列变量进行对数变换,将生产总值指数的对数值和高速公路里程的对数值分别记作LRGDP和LHGL。模型建立与检验过程借助于马克威分析系统(MARKWAY 4.0统计分析软件)完成。

变量数据 表6-2

年　份	地区生产总值(亿元)	生产总值指数(1978年=100)	高速公路里程(km)	LRGDP	LHGL
1997	3953.78	669.8	494	6.5070	6.2025
1998	4256.01	741.4	607	6.6086	6.4085
1999	4514.19	808.9	1009	6.6957	6.9167
2000	5043.96	885.8	1480	6.7865	7.2998
2001	5516.76	962.8	1563	6.8699	7.3544
2002	6018.28	1055.3	1591	6.9615	7.3721
2003	6921.29	1177.7	1681	7.0713	7.4271
2004	8477.63	1329.6	1706	7.1926	7.4419
2005	10096.11	1507.8	2135	7.3184	7.6662
2006	11515.76	1709.8	2329	7.4441	7.7532
2007	13709.50	1928.7	2853	7.5646	7.9561
2008	16188.61	2123.4	3234	7.6608	8.0815
2009	17026.60	2335.8	3304	7.7302	8.1397
2010	20394.26	2620.8	4307	7.8910	8.2979
2011	24515.76	2916.9	4756	8.0359	8.3842
2012	26575.01	3196.9	5069	8.1976	8.4977

用MARKWAY分析系统建立LRGDP和LHGL统计量的向量自回归模型,以AIC信息准则(Akaike Information Criterion)和SC准则(Schwarz Cricerion)作为选择时滞的标准,当时滞为2时,AIC值和SC值达到最小。构建滞后2年的模型如下:

$$\begin{aligned}LRGDP_t = & 0.1591 + 1.9458LGDP_{t-1} - 0.0129LHGL_{t-1} - \\ & 0.9935LRGDP_{t-2} + 0.0379LHGL_{t-2}\end{aligned} \tag{6-2}$$

式中：　　$LRGDP_t$——t 年 GDP 可比价的自然对数值；

$LHGL_{t-1}$——$t-1$年高速公路里程的自然对数值；

$LRGDP_t$、$LHGL_{t-1}$——分别反映（当年）国民经济和（上一年）高速公路的发展速度。

式(6-2)拟合的复相关系数达到0.9997，接近1，表明拟合程度很高，从F检验看方程整体拟合得非常好，能够有效地表达变量之间的关系。

GDP增长可以看作是两方面因素共同作用的结果：一方面前两年GDP增长，前一年影响强，前两年影响弱，由于相邻年间增速相近，前一年和前两年共同作用相当于95.23%；另一方面前两年高速公路增长，前一年有一定负面影响，前两年影响明显，假定相邻年间高速公路发展速度相近，前一年和前两年共同作用相当于高速公路增速的2.5%。

高速公路建成两年内对国民经济建设产生明显影响，特别是第二年对经济增长产生显著影响。高速公路里程增长，促进国民经济增长。高速公路里程每增长1%（HGL×0.01），LHGL增0.995%［ln(1.01)］，带动LRGDP增加0.0249%，拉动GDP增长0.0249%（$x\to 0, e^x-1\approx x$）。

以近期为例，2008年高速公路比上年增长1%（32.34km），拉动2010年GDP增加0.0249%。2009年GDP总量为17027亿元，比上年增长10%，不考虑物价上涨因素，并按10%增长率推断，2018年GDP将达到18730亿元，因而，高速公路增长1%可带动GDP增加4.66亿元。2018年实际高速公路里程比上年增加381km，可促进2018年GDP增加55亿元，预计到2020年此新增里程累计可带来GDP增加达550亿元以上。我们把全部高速公路里程看作前若干年新增交通量，由于这些高速公路都处在营运期，会持续促进经济发展，因此，对2018年来说，2018年以前建成了3234km高速促进经济总量增加466亿元，占GDP总量的2.49%。

综上所述，高速公路对经济增长发挥着巨大的作用，并且高速公路对经济的促进作用有时滞性，高速公路建成后两年对经济增长作用最大。因此，高速公路发展应适度超前，并与国民经济均衡发展。

6.1.5　高速公路对沿线市县经济影响横向比较

2004年河北省GDP突破8000亿元，达到了8478亿元（见表6-3），在全国各省（自治区、直辖市）中居第6位，提前一年实现了“翻两番、三步走”的经济战略目标。广东省、山东省、江苏省在全国名列前三位，河南省、辽宁省、四川省的GDP与河北省相近。河北省人均地区生产总值实现了12487元，高于河南省，低于辽宁省。

2004 年地区生产总值 表 6-3

省　份	地区生产总值（亿元）	交通运输、仓储和邮政业（亿元）	人均地区生产总值（元）
广东省	18865	860	20870
山东省	15022	783	16413
江苏省	15004	604	20223
浙江省	11649	445	24352
河南省	8554	560	9201
河北省	8478	585	12487
辽宁省	6672	425	15835
四川省	6380	324	7895

2008 年经济进入调整期，克服国际金融危机影响，河北省生产总值实现了 16102 元，比上年增长 10%。（见表 6-4）与 GDP 较高的前几个省份相比，仍然居全国第 6 位。2008 年，河北省人均地区生产总值达到了 23000 元，4 年间增长了 10000 元，实现了快速增长。

2008 年地区生产总值 表 6-4

省　份	地区生产总值（亿元）	交通运输、仓储和邮政业（亿元）	人均地区生产总值（元）
广东省	36797	1634	38748
江苏省	30982	1346	40499
山东省	30933	1721	32936
浙江省	21463	843	42166
河南省	18019	802	19181
河北省	16012	1338	22986
辽宁省	13669	734	31736
四川省	12601	551	15495

6.2　高速公路建设对农业发展的影响

6.2.1　高速公路推进农林牧渔业生产规模持续快速扩大

例如，高速公路建设前，1990 年河北省农林牧渔业总产值在 357.63 亿元。其中,农业占71.2%,林业占2.7%,牧业占23.3%,渔业占2.8%。各高速公路建设以后,截止到2008年,河北省第一产业总产值达到3505.23亿元,农业产业结构也发生了一些变化,农业比重下降到50.2%,林业下降到1.6%,牧业比重上升达到40.3%,渔业基本平稳比1990年上升了0.1%。到2010年年初,三次产业结构由2008年年底的12.7∶54.3∶33.0调整为13.0∶52.1∶34.9。其中,第一产业增加值为2218.9亿元,增长3.3%。第一产业与同期相比有了相应的增长,见表6-5。

1990—2010年河北省农林牧渔总产值结构指标(%)　　表6-5

类　别	1990年	2000年	2005年	2010年
农业	71.2	54.8	48.4	50.2
林业	2.7	1.7	1.5	1.6
牧业	23.3	39.7	43.2	40.3
渔业	2.8	3.8	3.1	2.9
农林牧渔服务业	—	—	3.8	5

6.2.2　高速公路发展推动主要农产品供给能力大幅度提高

(1)粮食生产增长。1995年,河北省粮食生产跃上2500万t;1998年达到2917.5万t的新高值后出现回落和徘徊局面。从2004年开始,粮食生产连续5年丰收,到2010年达到2905.8万t。粮食生产能力和安全水平的大幅度提高,为社会稳定、经济发展奠定了坚实的基础。

(2)经济作物和林牧渔业生产增长。2010年,河北省棉花、油料、园林水果、水产品产量分别达到73.7万t、152.6万t、1054.1万t、96.6万t,;蔬菜、猪牛羊肉和牛奶产量分别达到6684.6万t、329.1万t和504.5万t。

(3)在农产品总量增加的同时,品种增多,品质改善,均衡供给能力增强。2010年,河北省禽蛋产量居全国第1位,蔬菜产量居第2位,园林水果、牛奶和棉花产量居第3位,肉类总产量居第5位,油料产量居第6位,粮食总产量居第7位。河北的农业生产和农产品供给保障能力在全国已经处于领先水平,河北省通过高速公路将农产品运往省外,高速公路为农产品的外销提供了便利,缩短了运输时间,带来了丰厚的经济效益,极大地推动了河北省农业经济的发展。1990—2010年河北省主要农业产品产量见表6-6。

1990—2010 年河北省主要农业产品产量　　表 6-6

项　　目	1990 年	1995 年	2000 年	2005 年	2010 年
粮食总产量(万 t)	2276.9	2739.03	2551.07	2598.58	2905.81
棉花总产量(万 t)	57.08	37.05	30.01	57.72	73.73
油料总产量(万 t)	74.89	109.86	146.97	152.73	152.59
蔬菜总产量(万 t)	1157	2148.38	4453.97	6467.61	6684.56
园林水果(万 t)	175.47	431.97	677.31	918.48	1054.13
大牲畜年末数(万头)	525.22	870.88	955.1	1019.05	569.75
生猪存栏(万头)	1494.2	2052.8	2516.5	3093.5	2015.2
羊存栏(万头)	1074.5	1565.7	2090	2513.7	1617
猪牛羊肉(万 t)	121.2	258.8	348.6	462.7	329.1
禽蛋(万 t)	51.3	205.3	357	459	411
牛奶(万 t)	11.2	32.6	84.2	340.4	504.5
水产品(万 t)	21.86	39.61	80.95	98.95	96.64

6.2.3　高速公路带动河北省农业优势支柱产业迅速发展

自 20 世纪 90 年代以来,河北省逐步开始修建高速公路,根据高速公路路网的逐渐开通和运营,积极实施农业结构战略性调整,河北省的畜牧、蔬菜、果品三大优势产业规模壮大,档次提升。2018 年,三大产业占农林牧渔业总产值比重达 68.5%。农产品加工业蓬勃发展,农产品加工转化和加工增值水平明显提高。河北省"五纵六横七条线"的高速公路路网新布局形成后,针对优势农产品进行了路域化布局、专业化生产、一体化经营,在高速公路沿线地区出现了一大批专业乡和专业村,形成了各具特色的农产品生产加工基地,使传统的农业和农村经济焕发了生机和活力,农业的路域比较优势和规模优势逐步得到发挥。

6.2.4　高速公路带动河北省农业特色产业化的发展

高速公路农业特色产业带是以实施农业特色产业化发展项目,促进沿线乡村农民增收致富,加快推进农业产业化发展进程而形成的产业路域。

1)绿色种植产业典型县域

藁城区　藁城区以发展蔬菜为突破口,走蔬菜强市富民之路。建立了农业高科技园区,每年引进新品种 20 多个,注册了"碧青""德桦"牌商标,番茄、青椒、黄瓜、架子四个蔬菜品种通过了国家级无公害农产品认证。其中,番茄通过了中国绿色食品发展中心认证，拿到了标志使用权。藁城区先后建成了以朱家寨为中心的地膜大蒜基地，以岗上、廉州、丘头、南营四镇为中心的设施番茄基地，以岗上镇双庙村为中心的中棚甜椒基地，以落生、贯庄为中心的大棚黄瓜基地，以里庄为中心的多种多收露地菜基地，以农业高科技园区为中心的精特菜生产基地等六大规模化蔬菜生产基地。依托粮食和蔬菜产业的发展以及便利的交通条件，藁城区先后建设了藁城禽蛋、系井粮食等全国知名的专业批发市场。藁城禽蛋市场是我国北方地区最大的禽蛋交易市场之一，鲜蛋远销到重庆、广东、贵州等20多个省（自治区、直辖市），除供应国内市场外，还出口到东南亚等地区。黄石高速公路的建成通车，大大缩短了藁城与周边大中城市的时空距离，东至黄骅港、北至北京均只需2h，并且货运采取高速公路集装箱运输的方式，节约时间约4h，节约成本约890元。

2）组合型农业产业发展典型县域

黄骅市　黄骅市是一个临海城市，大农业以种植业和渔业为主，两项之和一直在80%以上，个别年份超过90%，支撑着黄骅市农业的平稳增长。随着市场经济的深入发展，农村畜牧业出现了规模养殖，使畜牧业比重由"七五"时期末的5.55%上升到2008年的24.5%。其中，种植业以粮食种植为主。2018年，黄骅市粮食作物播种面积120万亩，比1990年增加了10万亩，仍占据着种植业的龙头地位。进入21世纪以来，黄骅市政府加大了农业产业结构调整力度，大力推广苜蓿和冬枣的种植。苜蓿的种植面积由1999年的795亩发展到2008年的5.25万亩，2002年达到最高峰17.6万亩；黄骅市以冬枣为主的特色农业初具规模，冬小枣的种植面积由1990年的4万亩发展到2009年的30万亩，年产量8000万斤，产值5.5亿元，被命名为"中国冬枣之乡"和"国家级标准化示范区"，注册了"黄骅冬枣"著名商标，建成了北方最大的孔店冬枣交易市场，组建了"河北省冬枣研究所"。渔业在黄骅市农业中一直占有很大的比重。"七五"末"八五"初，渔业资源丰富，年产量均在6万t左右，渔业在农业中的比重达到50%以上。由于近几年渔业资源的匮乏，渔业比重逐年下降，到2008年下降为22.7%。津汕高速公路黄骅段以及沧黄高速公路黄骅段的建成和运营，为黄骅苜蓿、冬枣以及海产品的运输提供了便利条件，大大缩短了农产品的运输时间，为黄骅市农产品外销创造了便利条件。

6.2.5　高速公路的开通推动两侧农业现代化示范带建设

泊头市　泊头市处于以天津渤海新区为核心的京津冀1h经济圈之内，承接项目转移的条件非常优越。沿海高速公路、京沪高速公路贯穿全境。泊头市距京沪高速公路昌黎出口15km,2h车程半径内有北京、天津、石家庄、德州等大中型城市,泊头市便捷的交通网络,拉近了其与大城市之间的距离。泊头市食品加工企业已超过1000家,年加工转化粮油80万t,实现产值26.1亿元。京沪高速公路、沿海高速公路、黄石高速公路建成后,使昌黎其成为供应京、津的蔬菜生产基地和供应我国东北市场和俄罗斯市场的蔬菜集散地,全市高效种植业面积发展到56万亩,设施农业面积达到30万亩。同时,拓宽了畜禽产品和海上水产品的销售市场,泊头市的畜禽养殖业正在向专业化、规模化、标准化和产业化方向发展。肉蛋总产量达到10.1万t;珍惜皮毛动物貂、貉、狐养殖量超过750万只,占全省同期养殖总量的31.7%;形成了各具特色的养殖路域60余个、畜禽养殖大镇7个。2018年,实现畜牧养殖产值28.7亿元。农业产业化的全面发展为发展壮大特色农业提供了良好契机,未来泊头市或许将成为一个生态农业的典范。

6.2.6 高速公路推进农业规模经营

深州市 深州市自2000年黄石高速公路通车后,可直达京石高速公路、石太高速公路、京沪高速公路、京福高速公路。深州市利用交通便利的独特优势,进一步做大农副产品加工业。在黄石高速公路通车当年,深州市第一产业GDP达到214776万元,比1995年增长了1.6%。深州市的农产品加工企业增加到190家,其中有5家成为国家级重点龙头企业,越来越多的小麦、玉米、花生、水果等农产品在深加工后通过黄石高速公路外销全国各地,在3h车程内可以到达北京、天津、太原、济南、德州、石家庄、保定、邯郸、邢台等9个400万以上人口的大中城市,高速公路为农产品的运输提供了极大便利。2008—2009年,深州市先后被确定为"全国农产品加工示范基地""全国农产品加工创业基地""省级食品加工聚集区"。

正定县 正定县是传统的农业大县,特别是近年来一系列支农、惠农政策调动了农民的种粮积极性。同时,随着石太、黄石、张石、京石、京昆、绕石等高速公路互通交汇,发达的交通运输网络带动了粮食相关产业的发展,正定县的粮食生产正向优质化、标准化、产业化方向发展。2009年,正定县64万亩,粮食平均亩产522kg,总产33.4万t,人均粮食占有量747kg,粮食商品率达到85%,荣获"全国粮食生产先进县"称号。随着高速公路密度的不断加大,正定市大力实施国家优质粮食产业工程,累计引进中央和省级财政资金3000多万元,进一步加强了正定市农业基础设施建设,改善农业生产条件,增强了粮食生产后劲,延长了粮食生产链条,促进了全县粮食增产、农民增效和农民增收。

6.2.7 高速公路建设受益明显的农业产业发展典型案例

深州镇北四王村的林业种植 深州镇北四王村是黄石高速公路建成后受益最大的村庄之一。该村是深州市远近闻名的苗木种植专业村，苗木种植历史近30年。全村460户，1800口人，耕地2400亩，村庄占地740亩。建高速公路前，该村规划无序，村内道路窄小、曲折，旧宅基多，占地面积大，土地利用率低、基础设施差。苗木销往深州市周边地区，随着高速公路的修建，由省内各地发展到现在的周边省市，苗木销路日益向外延伸。高速公路的修建给北四王村带来了巨大的变化，极大地改善了该村的运输条件和投资环境，促进了农业结构调整，加快了苗木产业的发展。

未修建高速公路时，农民的苗木种植单一，销路较窄，运输困难，只供应附近几个县市，无法承揽大的绿化工程，直接影响了苗农收益。自高速公路修建后，北四王村党支部书记多次带领村民外出参观学习苗木种植技术，逐步向专业的特色种植发展，形成了苗木种植的两大系列：一是转基因树种培植。与河北农业大学、北京林业大学等联手培植30亩转基因种植实验基地，年收入数十万元。二是造型树种植。以种植造型风景树木为主，主要销往主题公园、风景名胜、旅游景点等地。该村研植的一款"宝马车标"国槐树，仅一棵就销价数万元，增值几百倍，切实增加农民收入。同时，苗木作物也开始通过高速公路运输直接销往京津塘，以及山东、山西、内蒙古、河南等周边省(自治区、直辖市)。村内成立苗木专业合作社，为苗木交易提供了良好的平台。在此基础上，该村还利用网络平台，拓宽苗木销售市场。

白庄村的水果种植 白庄村位于河北省黄骅市旧城镇东部，毗邻沧黄高速公路。沧黄高速公路开通后，白庄村利用交通便利的优势大力推进农业结构调整进程，发展规模种植，对全村3400亩可耕地进行规划，发展苜蓿1000亩、冬小枣1400亩，建成500亩高效示范园区，形成"东边苜蓿西边粮、南北都是枣树行"的特色农业产业结构，白庄的农产品通过沧黄高速公路进行运输，外销渠道通畅，农业效益成倍增加，同时，对全村耕地进行了统一规划，先后投资150余万元规划建设了千亩冬枣观光园、千亩苜蓿观光园、千亩植物观光园。投资120余万元完成了通往园内的13条、总长1.2万m的田间公路，集农业、观光于一体，形成了花园观光式农业良好局面。以村北的千亩冬枣观光园为试点，探索企业化管理，实行标准化生产，发展产业化项目，彻底改变了单一种植结构和一家一户的耕种模式。

6.3　高速公路建设对工业发展的影响

6.3.1　黄石高速公路建设对工业经济、产业培育和工业园区建设的影响分析

1)高速公路对工业发展的影响

高速公路对第二产业的贡献主要是通过间接方式影响的,除了对建筑业有直接贡献外,更主要的是通过改善交通状况间接促进制造业的发展。高速公路对河北省第二产业的促进作用有以下几点:

(1)制造工厂使制造业在高速公路建设的带动下集聚效应更容易激发和产生。河北省是制造业大省,特别是重工业,而高速公路为工业的发展提供了便利。1990 年之前,河北省没有高速公路,京津塘高速公路的修建拉开了河北省修建高速公路的序幕,自此,由高速公路带动的经济发展逐渐突显。很多县市,如辛集、深州、黄骅等,自从高速公路修建后,良好的交通条件引来了无数的招商引资。国内投资者及外商看中其良好的交通条件,纷纷投资建厂,形成一个又一个科技园和工业区,使当地的工业大量发展,经济水平和居民生活水平大大提高。

(2)密集的高速公路网有利于高速公路与相关产业发挥规模效应与乘数效应。河北省政府很早就认识到高速公路对于经济发展的巨大推动作用,2004 年以后,河北省对高速公路的投资建设力度加大,特别是近年,河北省高速公路建设拉动经济增长效果显著。据测算,预计河北省全年高速公路建设将带动河北省 GDP 增加约 1080 亿元。直接消费钢材、水泥、沥青分别约为 190 万 t、1904 万 t、361 万 t;并将有效地解决近 60 万农民工的就业问题 。高速公路提供的便利条件,吸引了大量的外资企业和国内投资者纷纷转向河北这块经济宝地,使其经济得以持续、快速、稳步的发展。整个河北省尤其是环渤海、环京津地区,已经成为全国高速公路高度密集的地区之一,从而使得高速公路投资容易产生规模效应,对制造业的发展容易产生乘数效应。

2)高速公路对产业园区的形成和产业转移的促进作用

按照经济学理论,产业集群可逐步自发形成。但是,作为一种经济发展战略方式,产业集群也完全可以通过政府有意识的规划引导形成,这在我国是普遍存在的。其实在发达国家也有“开发区”“工业园区”,如美国的“硅谷”、日本的

“丰田工业团地”等。有所不同的是,发达国家工业园区建设的最初目的并不是以吸引外资为主,而是以实现“产业集聚”为目的,即通过产业的集聚,凝聚产业竞争力,进而增强产业竞争力的“拳头效果”。

截至2005年,河北省共有47家省级及省级以下开发区(工业园区),经过国家第二批通过审核公告的省级开发区有29个。国家发改委公布了第六批通过审核的134家省级开发区名单,沧州渤海新区临港化工园区是2003年经河北省政府正式批准成立的省级经济技术开发区。2006年7月6日,通过国家发改委审核后被命名为“河北沧州临港化工产业园区”。2006年9月,第五批通过审核公告的省级开发区中河北省有9个,主要有河北枣强玻璃钢民营科技园、河北景县工业园区的河北景县橡塑产业民营科技园等。

6.3.2 高速公路对经济技术开发区的建设的影响分析

开发区的发展,在很大程度上得益于公路网的形成,尤其是高速公路路网的建设,对沿线路域生产结构、生产力布局的优化及产业的聚集发展起到了极大的促进作用。开发区作为地区经济社会发展的最前沿,受周围各条高速公路的影响尤为明显,主要表现为以下几个方面:

(1)提升了区位优势。各大高速公路拉近了开发区与周边经济发达区的距离,而且在改善开发区对外投资环境、扩大对外开放、引进国内外知名企业上影响显著,为实现开发区经济的跨越发展提供了优质的交通物流支撑。

(2)降低了企业的生产成本。入区企业看重的是经济效益,即如何在最小投入条件下创造更大利润。高速公路路网的建设,极大程度上降低了企业运送原材料和产品的成本。在市场竞争日益激烈的今天,发达的高速公路路网无疑是企业降低成本的最有效途径之一。

(3)提高了运输的效率。高速公路之所以称为高速公路,最大特点就在于高速,只有高速才会产生高效。对于企业而言,效率是实现效益最大化的有效途径之一。因此,企业在选择运输方式时,往往最先选择快进快出的高速公路来运输。

(4)提高了产品的辐射效应。高速公路路网拉近了开发区和其他路域的空间距离,缩短了企业产品从产出到市场的时间,加快了辖区企业产品对路网沿线市场的占领,使产品对整个路域周边的辐射作用更加明显。

6.3.3 高速公路促进地区间产业转移

产业梯度转移是客观规律,开发区利用好产业梯度转移既可以实现后来居上,也可以实现强者更强。对于经济发达地区的开发区,产业梯度转移过程中,可以转出不适合本区发展的项目,承接国际上转移过来的优良项目,产业梯度转移一进一出的过程就是实现产业升级、优化开发区功能的过程。对于欠发达地区的开发区,产业转移有利于招商引资,可以给开发区提供跨越式发展的机遇,也是路域经济快速发展的强大外力。

通过路域比较可以发现,凡是经济发展和城市化进程快的地区或城市,往往在开发区建设中居于领先地位;凡是开发区建设突飞猛进的地区或城市,往往实现了跨越式发展。一些开发区正在从“招商引资”向“招商选资”进行转变。从投资密度、经济密度、税收贡献、就业贡献等方面对引进项目要严格把关。

政府行为也促进了产业园区的形成。充分利用资源条件,包括交通资源等发展经济,实现经济增长,是近年来河北省经济发展战略的主要特点。例如,黄骅市人民政府在认真做好该路域道路交通规划的同时,积极与高速公路实现有效衔接。黄石高速公路不仅可实现与津、京、鲁等发达地区的快速连接,同时也成为华北地区与华东及华南地区联系的重要通道。特别是随着两条高速公路的建成运营,不仅实现了“60min‘上天’、30min‘下海’”(60min 可到达天津机场,30min 可达到黄骅港)的梦想,而且进一步优化了该路域的招商引资环境,使得该路域的区位优势进一步得到彰显。

6.3.4 高速公路带动产业集聚和路域经济一体化形成

1)产业集聚的类型和特点

产业集群的形成既市场经济的必然产物,也是一个渐进的过程,一般需经历分散办企业、集中办企业、形成产业链、形成产业高地、形成地区品牌及形成虚拟市场等阶段。但这并不意味着产业集群只可逐步自发形成,作为一种经济发展战略方式,其完全可以通过政府有意识的规划引导形成。产业集聚的显著特点如下:

(1)一定路域内集中发展一个特色优势产业,它在全行业的市场份额和本路域经济中所占比重较大。

(2)合作竞争性,即通过市场竞争作用形成一个较大规模的具有核心竞争力的企业群体,以产业合作为纽带,由龙头企业、配套企业构成,形成专业化、互相密切链接的企业群体。

(3)地域性,即一个产业集群的形成一般与一个地区的特有环境条件有关,离开了这一环境条件,就不能形成和发展这一产业集群。

(4)交通便捷性,主要表现为高速公路与路域交通的连接。

产业集聚可分为如下几类：第一类是依靠市场建立起来的产业集聚，典型的有辛集市、景县等。主要表现为：它们都地处高速公路附近，路域经济范围内出现专业化的市场，为产业集聚的形成创造了重要的市场交易条件和信息条件，最后使产业的生产过程也集聚在市场的附近。第二类是依靠政府建立起来的产业集聚，它们大多是在高速公路汇合处或者是在经济开发区。而经济开发区的建设和形成往往又与便捷的交通分不开，它们的地点选择大多是以成长要素的流通为基础，所以它们自然与高速公路密不可分，并且一些经济开发区本身就是一条主要的高速公路或者是多条高速公路共同影响的结果。产业集群逐步显出成效。截至2006年年底，河北省已形成年营业收入5亿元以上的各类产业集群231个，其中年营业收入10亿元以上的产业集群139个，50亿元以上产业集群33个，100亿元以上的产业集群达到了6个。年营业收入5亿元以上的产业集群营业收入达到6060亿元，占同期河北省民营经济营业收入的27%。据不完全统计，2008年河北省40个特色产业、工业园区和产业集群共涉及轻工13个行业，拥有企业近万家，实现主营业务收入1060.4亿元，已经成为推动地方经济发展、吸纳农村剩余劳动力、促进出口创汇的重要力量。

培育产业集群不仅是有效的路域发展战略，而且是提高路域经济竞争力的有效途径，也是工业化发展到一定阶段的必然趋势。充分利用各种资源，调动生产要素流通，培育产业集群，发展地区经济已经成为市场主体竞争合作的方向和地方政府指导经济工作的共识。各地政府也为产业集群的发展创造良好的环境。政府创造和提供企业集聚的环境，吸引企业在一定地域内的集聚。其中之一就是要提供有效的公共服务，特别是要为建立产业带、产业园区提供必需的基础设施等。

2)高速公路带动路域经济一体化

交通系统，特别是高速公路是路域经济一体化的动脉。同时，它也是路域基础设施和产业整合的命脉。2003年后，特别是从2004年开始河北省更加重视高速公路建设对路域经济的促进作用，并且在规划修建高速公路时，能提前分析高速公路对路域经济发展、产业集聚和路域经济一体化的作用，大大促进了产业培育、园区建设、产业转移和路域经济一体化的形成。

在路域内及区际构建一个快速、高效的交通体系，尤其是高速公路路网的建设，可以有效地使人流、物流的畅通，进一步带动和促进路域经济一体化向纵深方向发展。

河北省以主导特色产业集群作为产业结构的核心，推动路域经济共同发展。产业集群的定位应符合路域产业发展的大趋势，根据路域聚集资源的能力、资源禀赋、产业配套条件和要素成本的比较优势，整合优化路域生产力空间布局，聚合各种生产要素，充分发挥路域现有产业优势，逐步形成路域特色产业集群，将路域资源优势通过集群化转化成市场竞争优势。产业升级是产业结构演变规律和产业发展的内在要求，黄石高速公路沿线各级政府把产业结构调整升级作为经济发展的重点，制定产业集群发展规划和政策，打破行政区划限制，强化路域合作，逐步实现路域市场一体化。

鹿泉高新技术产业开发区(以下简称鹿泉开发区)是 1992 年 11 月经河北省人民政府批准建立的省级高新技术产业开发区。2003 年 5 月，又经省政府批准为省级经济技术开发区。区内辖 5 个行政村，总面积 15. 25km^2，人口 2. 2 万人。鹿泉开发区位于河北省省会石家庄市西侧，居于华北地区枢纽要地，是晋、冀、鲁、豫、京、津、陕、蒙等省区的重要商品集散地，具有天独厚的区位优势。石太铁路、石太高速公路、307 国道及其复线分别从区内穿过。石家庄西货站、石太高速公路出入口均位于区内。该区具有快捷便利的交通条件。建区以来，该区按照“靠环境引客商，靠服务留项目，靠项目求发展”的发展思路，突出抓好环境建设和项目建设，促进了全区经济的较快发展，2004 年 GDP 达到 5. 6 亿元，实现财政收入 5707. 2 万元。

高速公路在社会经济发展中的集聚功能和辐射功能在辛集市得到了较明显的体现，辛集市的企业分布已经从过去的零散状态逐步转为向以高速公路为中心的工业园区集中，形成产业集群，促进了涿州市高新技术成果转化基地、现代加工制造业基地、物流基地建设进程的明显加快，现代化中等城市工业体系雏形已初步显现。

黄石高速公路及其带动的产业园区建设。黄石高速公路横贯河北中部经济发达地区，是重要的集疏港公路。该路西起石家庄南高营立交，东至沧州，全长 207. 1km。1996 年 12 月开工建设，2000 年 12 月全部建成通车。藁城经济开发区的发展很大程度上是借助于黄石高速的建成通车。开发区北依黄石高速和国道 307 线，石环公路南北贯穿开发区，并在开发区设有出口及 3 座大型互通立交，连接高速公路十分快捷，同时，西侧的京珠高速公路和南侧的青银高速公路分别距开发区 9km 和 20km，快捷的高速公路路网对开发区形成了环围的态势，使开发区连接京、津、晋、鲁、豫十分便捷，极大地提升了开发区的交通区位优势。黄石高速公路是藁城经济开发区十分重要的一条高速公路，其藁城段全长 25. 5km，于 1998 年建成通车。黄石高速公路的建成通车，促进了藁城区对外经济、文化、人文和政治交流，促进了第二产业的快速发展，加快了工业化和城镇化进程。它的建成，也有力地拉动了藁城经济开发区的大发展。

综上所述,高速公路的规划、修建和通车与工业经济的发展紧密相连,与一个地区的产业培育、园区建设、产业转移直至路域经济一体化都有着千丝万缕的联系。重视高速公路及其支线的建设,在一定程度上就是支持一个路域的工业发展,就是支持一个地区的经济和生活发展,工业化和城镇化水平提高。

6.4　高速公路建设对第三产业发展的影响

第三产业主要包括四个层次:第一个层次是流通部门,包括交通运输业、邮电通信业、商业饮食业、物资供销和仓储业。第二个层次是为生产和生活服务的部门,包括金融业、保险业、地质普查业、房地产业、公用事业、居民服务业、旅游业、咨询信息服务业和各类技术服务业等。第三个层次是为提高科学文化水平和居民素质服务的部门,包括教育、文化、广播电视事业,科学研究事业,卫生、体育和社会福利事业等。第四个层次是为社会公共需要服务的部门,包括国家机关、政党机关、社会团体,以及军队和警察部门等。本书仅分析与高速公路发展最直接相关的第一个层次中的部分内容和旅游业。

6.4.1　高速公路促进第三产业快速发展

河北省高速公路一直处于缓慢增长和快速增长交替进行的态势中。2012—2017 年为缓慢增长时期;2004—2011 年为快速增长时期,如图 6-4 所示。

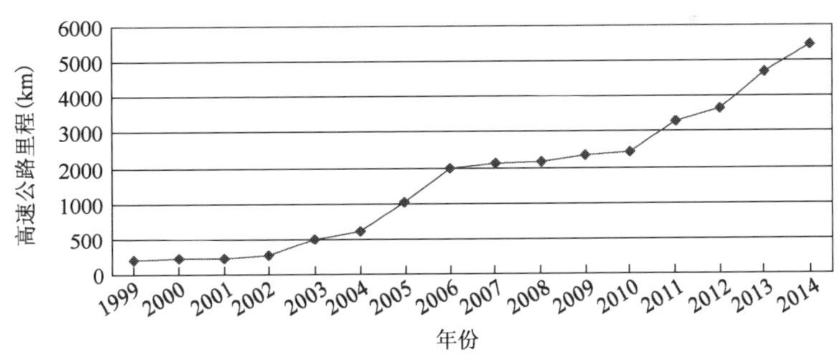

图 6-4　河北省高速公路里程

1978 年河北省三次产业结构为 28.5∶50.5∶21.0 ,第三产业排在最后,经过 30 年的发展,截止到 2008 年,三次产业结构为 12.6∶54.2∶33.2,第三产业已经位于第二位,超过第一产业。2009 年年底,三次产业结构进一步调整为 13.0∶52.1∶34.9,第三产业的比重又增加了 1.7% ,如图 6-5 所示。从 20 世纪 90 年代中期,河北省高速公路建设运营后,对各地交通业、旅游业、商贸、市场发展的贡献开始显现,对第三产业发展的作用也逐渐明显。

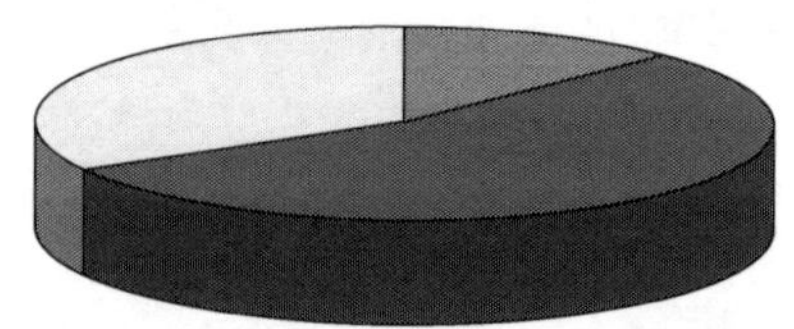

图 6-5 2008 年河北省三次产业结构

根据经济发展的一般规律,第三产业增加值每增长 1%,大约可增加 100 万人的就业机会,如图 6-6 所示。河北省第三产业对全省 GDP 增长的拉动作用看,也在逐年增加,从 1990 年的 2.5% 到 2000 年的 3.3%,再到 2008 年的 3.8%。第三产业发展,增加的不仅是经济效益,还有社会效益。第三产业内部简单可以分为流通类和服务类,本书侧重分析的是流通类,第三产业中,服务类比重高于流通类产值,其发展水平更能反映经济结构层次的高低和社会的总体进步程度。

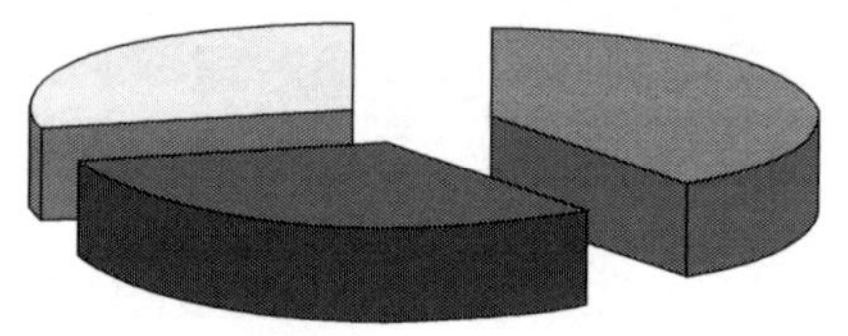

图 6-6 2008 年三次产业就业人员结构

1949 年,河北省民用汽车 517 辆。其中,货车 435 辆,客车 63 辆。经过数十年,特别是 1980 年以后,河北省交通运输工具拥有量飞速发展。

从图 6-7 中可以看到,2000 年以后河北省汽车拥有量处于直线上升状态。截止到 2010 年,民用汽车 432.6 万辆。其中,载客汽车 220 万辆,载货汽车 79.9 万辆,其他汽车 88.7 万辆,私人汽车 108.7 万辆,出租车从无到有,大大方便了人民生活。特别是私人汽车拥有量在 1990 年以后迅速增加。

1)公路货物运输量不断增长

公路运输随着高速公路网建设、物流业的兴起而发展,公路运输一直在运输业中占据主导地位。2008 年公路运输的旅客运输量、旅客周转量、货物运输量、货运周转量分别占全省的 92.8%、48.3%、75.9% 和 17.1%。邮路总长度达 5.5 万 km,其中汽车邮路长度达 4.9 万 km,占总长度的 89.7%。

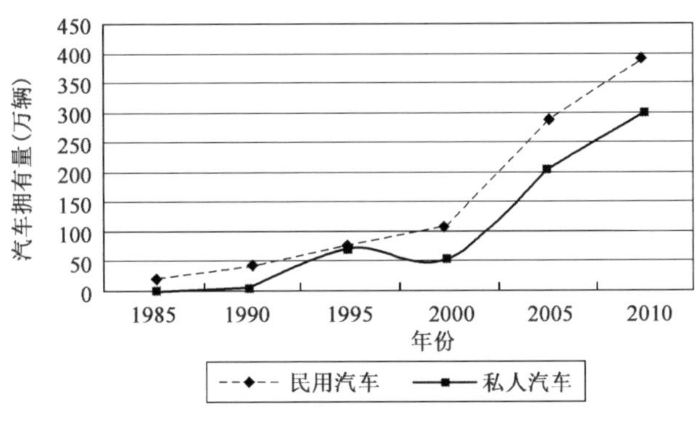

图6-7 汽车拥有量增长趋势

从图6-8中可见,2008—2012年,公路货物运输量增加迅速;2015年以后,又出现明显的增长趋势。

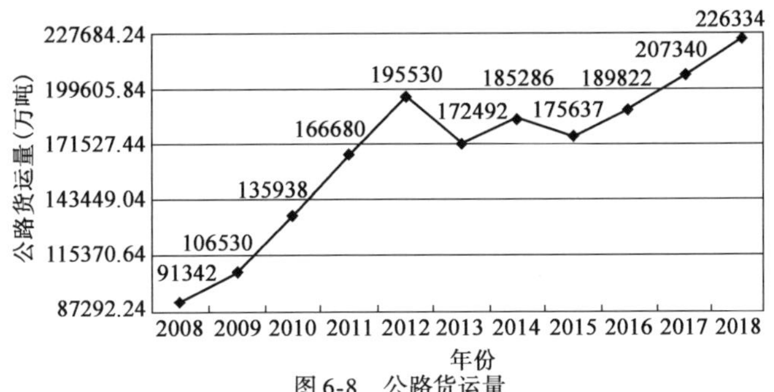

图6-8 公路货运量

数据来源:中华人民共和国国家统计局

2)客运能力明显提高

中华人民共和国成立初期,由于交通设施和生活水平的限制,河北省客流量很小,1949年,河北省地方客运量完成64万人,地方旅客周转量完成2984万人公里。随着社会经济的发展,公路设施现代化为客运发展扩展了空间,高速客车吸引了众多旅客。2008年全省完成客运量9.5亿人,其中公路完成客运量8.8亿人,铁路完成客运量0.7亿人,客运量公路远远大于铁路。旅客周转量1236.7亿人公里,其中公路运输完成597.5亿人公里。可见,公路运输的重要性越来越明显。

3)物流、仓储

2008年,河北省配送中心共有53个,其中自有配送中心50个,第三方物流企业(如中储物流、中铁快运、中邮物流等)蓬勃发展。同时,一批合资、民营、外埠大型物流企业(如海尔物流、宅急送、华宇物流、敦豪速递等)进入河北省。传统的物流仓储、商业储运、交通运输企业向现代物流方式转变，多层次、多元化物流体系日渐形成。

随着沧黄高速公路及津汕高速公路黄骅段建设，为黄骅市第三产业的发展带来了很大的机遇，围绕对接大港口，谋划建设一批大进大出的现代物流项目(如京海物流、长海物流、成润物流等)正在建设中。黄骅市形成了依托港口、沧黄高速公路、津汕高速公路，大进大出的仓储物流体系，现有物流企业 200 家，业务遍及北京、天津、山东等全国百余个大中城市，年营业收入达到 66 亿元，已成为路域物资集散地。公路通车里程达 878km，在册货车 7200 余辆，年运量 964 万 t，货物周转量 69.7 亿吨公里。1990—2008 年河北省货运量见表 6-7。

1990—2008 年河北省货运量(万 t) 表 6-7

年份	总量	铁路	地方铁路	公路	水运	民航	管道	港口吞吐量
1990	58203	11501	597	44258	363	0.10	2080	6960
1991	58735	11460	626	44900	345		2030	7236
1992	60648	11734	664	46571	354		1989	8156
1993	61979	11929	733	47722	340		1988	7877
1994	73510	12056	740	59097	409		1949	8404
1995	74214	12106	879	59860	404		1844	8815
1996	76786	12159	969	62235	439	0.10	1953	8944
1997	76347	12452	1117	61568	363	2.00	1962	8426
1998	75559	11720	1109	61564	414	2.70	1858	8420
1999	76141	11723	1313	62340	504	3.70	1570	9012
2000	76808	12546	1314	62321	571	3.09	1366	10771
2001	80835	14954	2293	63696	945	3.80	1236	12558
2002	84315	15368	2915	66655	1105	2.62	1184	14432
2003	80551	16646	3815	61570	1172	2.48	1161	18002
2004	87265	18216	4504	66227	1700	1.81	1120	22515
2005	91330	19051	5690	68652	2539	1.45	1087	27341
2006	96784	19646	6214	73263	2778	0.88	1096	33805
2007	104188	20920	7498	79822	2162	0.77	1283	39962
2008	111383	23808	10446	84486	1762	0.98	1326	44065

6.4.2 高速公路建设对河北省旅游业发展的贡献

改革开放以来,河北省旅游业从无到有,规模从小到大,其发展速度大大高于国民经济的增长速度,充分显示了"朝阳产业"的勃勃生机。随着旅游资源开发和接待设施日益完善,市场占有份额逐年扩大,创汇收入大幅度提高。

2007 年河北省旅游人数比 1979 年增长了 80 倍,达到 81.8 万人次,旅游外汇收入比 1979 年增长了千余倍,达到 3.09 亿美元,2007 年河北省接待国内游客量是 1986 年的 13 倍,达到 556.7 亿元人民币。

目前河北省旅游景区 600 多处,(其中 A 级景区 190 处,总数位居全国前列;3A 以上景区达到 104 处;4A 级景区 52 处,5A 景区 3 处)。全国工农业旅游示范点 40 处,旅行社 1030 家(其中国际旅行社有 44 家),旅游饭店 1000 多家(其中星级饭店有 415 家),旅游车船公司 100 余家,中国优秀旅游城市 10 座,旅游强县 10 个,形成了比较完备的旅游产业体系和较强的旅游接待能力。

旅游产业辐射带动作用明显增强,旅游业成为河北省第三产业的龙头,满足了日益增长的旅游消费需求,河北省每年增加接待 1000 万人次。扩大了就业再就业,河北省旅游直接就业总量 46 万人,带动间接就业 200 多万人。带动了新农村建设,通过发展乡村旅游,拓展和延伸了农业功能,推动了城乡交流及农村基础设施建设,实现了农村富余劳动力转移,河北省开展乡村旅游的村庄达到近千个,扩大了对内对外开放。海外游客每年都在增加,2008 近 70 万人;国内游客 2008 年达到 9747 万人,大量国内外游客的光临,带动了河北省交通、通信、建筑、商贸、餐饮等相关产业发展。

高速公路交通发展主要改善了旅游城市间、城市到景区以及景区间道路交通,河北省还重点推进张家口—承德、秦皇岛—承德、唐山—承德等高速公路的建设。京承秦、京承张、京保张成为高速公路上的旅游金三角,深化京津冀、环渤海与北京路域旅游合作,改善路域旅游交通以及旅游景区公交班线,这些都促进了河北省与京津旅游资源共享,增加了客源。

各县市旅游业发展典型案例如下:

吴桥县杂技文化旅游 吴桥县是世界闻名的杂技之乡,杂技在吴桥流传已有两千多年的历史,为挖掘杂技文化。吴桥杂技大世界自开业以来,不断完善景区设施,创新节目内容,2003 年被评为国家 4A 级旅游景区。吴桥县的杂技旅游业经过十多年的发展,形成了以杂技大世界为龙头,以杂技旅游、杂技教育、杂技演出、杂技服装道具为主体架构的杂技旅游产业,呈现出强劲的发展态势。随着吴桥杂技旅游知名度的不断提升,县内各演出团体对外演出市场得到进一步拓宽,县杂技团、吴桥杂技艺术学校、杂技大世界等先后赴我国香港和马来西亚、日本、美国、新加坡、韩国等地区和国家演出,2009 年 1—9 月,吴桥县已实现杂技文化产业综合收入 1.5 亿元,占全县生产总值的 8.5%。杂技,正在成为吴桥县域经济发展的支柱产业。

吴桥的杂技旅游业发展很快,规模也不断壮大,但是仍然存在着一些问题和困难。一是旅游资源开发不足。吴桥近年虽然陆续开发了一批景点如苦井甘泉、澜洋书院、唐槐等,但景点规模小,基础设施简陋,观赏性差,相互间或与杂技大世界未能形成旅游景点上的衔接,旅游功能尚未发挥。大文化内涵发掘上,缺乏对杂技文化内涵的深入研究和探索,缺乏景点开发建设的文化支撑。二是产业链条结构松散。吴桥旅游业仅靠杂技大世界支撑,其他吃、住、行、购物、娱乐等方面相对较差,缺乏吸引力。由于高速公路交通的便捷,绝大多数游客都是浏览完杂技大世界即离开,留不住客,这样一来由旅游所带动的餐饮、住宿等经济效益很难形成规模。

正定县历史文化旅游 正定县 1994 年被命名为国家历史文化名城。素以“三山不见,九桥不流,九楼四塔八大寺,二十四座金牌楼”而著称。历史名人有南越王赵佗、三国名将赵云、元曲大家白朴、明吏部尚书梁梦龙、民国代总理王士珍等。此外,还有馆藏文物 3821 件;300 余件古碑刻,79 株 300 年以上的古树、名木以及保留较全的诗、词、歌、赋、名人轶事,这些既是古城正定的历史见证,又是发展名城旅游的宝贵资源。

正定县境内京珠高速公路、黄石高速公路、绕城高速公路和京昆高速公路,对正定县古文化的开发和旅游业的快速发展起到了巨大的推动作用。随着高速公路密度的不断加大,通行方便,游客逐年增多,2007 年,正定县旅游人数达到 186 万多人;2008 年,正定县旅游人数达到 154.57 万人;2009 年,正定县接待游客 157.34 万人。2007 年、2008 年、2009 年直属景点(不包括旅行社、酒店)实际直接收入分别为 1049.20 万元、1129.21 万元、1252.13 万元。旅游业的发展带动了正定旅游服务行业的发展,酒店、旅游交通等各项旅游设施日益完善。在旅游业发展的带动下,正定县建成了 4 星级宾馆(国豪大酒店、金星假日酒店、欧景假日酒店)3 家,及一家 3 星级酒店(华阳酒店),有接待条件的旅饭店 10 家,旅行社 1 家,整体接待能力大为提高。高速公路大大提升了正定旅游业及相关产业的发展。

深州市农业旅游 深州蜜桃驰名中外,至今已有两千多年的栽培历史,被誉为“桃中之王”。深州市是河北农业旅游示范点,设立了深州蜜桃旅游观光区,深州还有大清粮仓遗址,旅游资源丰富。深州市境内黄石高速公路和在建的大广高速公路,对深州市旅游业的快速发展起到了巨大的推动作用。1999 年黄石高速公路建设前,深州市旅游资源虽然比较丰富,但来深州市旅游观光的游客只是零星散客,每年接游客 2 万多人次。随着高速公路的建成,便利的交通使游客逐年增多,2006 年以来,每年来深州市旅游观光人数达到 10 万多人。2009 年,深州市接待游客 12 万人次,实现收入 1200 多万元。旅游业的发展带动了深州市旅游服务行业的发展。

6.5　高速公路对招商引资的作用

6.5.1　高速公路建设与招商引资总体概况

路是经济发展的基本条件,是引进外资硬件环境的构成要素,是国内外投资商投资河北考虑的主要因素。从表 6-8 中可以看出,河北省利用外资从 1984 年开始起步,到 1987 年,合同利用外资和实际利用外资都处于缓慢增长,但是到 1989 年以后,合同利用外资和实际利用外资都出现了显著增长,这与 1987 年河北省高速公路开始动工兴建、运营的时间基本是吻合的。

河北省利用外资情况　　表 6-8

年　份	项目(个)	合同利用金额(万美元)	实际利用金额(万美元)
1984	22	904	546
1985	53	4804	1423
1986	31	1751	1127
1987	25	4539	1032
1988	91	19962	1910
1989	73	9486	4373
1990	110	8877	4447
1991	322	16351	18967
1992	1428	144090	28682
1993	1975	193358	48447
1994	1096	148462	73742
1995	1220	188794	108620

续上表

年　　份	项目 （个）	合同利用金额 （万美元）	实际利用金额 （万美元）
1996	923	210368	160062
1997	742	172670	213649
1998	652	128467	210348
1999	530	113879	193747
2000	510	94822	139378
2001	507	107759	93521
2002	482	136259	104793
2003	586	251313	155800
2004	603	244047	197856
2005	581	272736	227890
2006	447	177048	238274
2007	369	357085	300722
2008	252	300118	363395
2009	215	266027	369316
2010	248	376971	436597
2011	199	477064	526016

从1992年开始，河北引进外资呈现逐年增长的态势，与1991年相比，1992年的合同利用外资增长了781%，实际利用金额增长了51.2%。2003年开始，河北省高速公路进入加速度发展阶段，在布局路线上，权衡照顾地区经济的协调发展，并且规划修建以“五纵六横七条线”为主骨架的高速公路路网。事实证明，大力修建的高速公路极大地促进了地区经济的发展，也促进了地区招商引资。从表6-8中可以看到，从2003年以后，河北省利用外资又出现了逐年增长的态势。

6.5.2　招商引资的基础条件得到优化

1）紧邻高速公路出口的产业园的建设成为招商引资的主要基地

高速公路的建成，促进了沿线地区产业结构的升级。产业园纷纷引进和培育了一批科技型企业，一些高端产品逐渐进入产业园，而这些都依赖于高速公路带来的方便快捷。例如，东光（省级）工业开发区位于河北省沧州市东南部，地处“京津冀都市圈”“环渤海经济圈”。距沧州、德州 50km；距天津、济南 150km；距黄骅港 100km。京沪高速铁路、京福高速公路、104 国道和省道武千路纵贯其中，京福高速公路和正在修建的京沪高速铁路在开发区设有出口站，区位优越、交通便捷、产业资源丰富。2003 年，按照“高起点规划、高质量建设、高效益运行”的目标要求，强化招商引资与和项目建设。目前，入驻园区企业达 98 家，2010 年上半年，完成销售收入 36.5 亿元，上缴税金 1.35 亿元。东光工业开发区内拥有化工企业 15 家，拥有世界最大的 DSD 酸生产制造企业华戈集团、全国制造业 500 强企业三友集团东光浆粕分公司等。

2）招商引资的门类和渠道更加多样

近年来，随着地区经济发展一体化和集聚经济的发展，招商引资的理念也在不断调整，招商引资工作由重地块招商向重地区招商转变，注重整体招商效果；由集中向集聚转变，注重大项目的集聚效应；由品质向品牌转变，注重品牌作用；由效益向效应转变，注重长远发展效应。

据资料显示，2003 年，河北省累计利用外资达到 255.8 亿美元，尤其是 2007 年河北省利用外资的增速在全国名列前茅，为经济社会发展做出了重要贡献。2007 年，天津市和河北省的签约额超过 150 亿，连续几年，每年都有突破和发展，高速公路对全省招商引资的产生的推动作用逐步显现出来。

最先受益的大中城市。河北省人民政府驻地石家庄市和 10 个中心城市都处于交通要道，有各种交通便利，特别是高速公路的便利条件，成为地区经济发展的中心。这些中心城市的招商引资相对比较容易和便利，除了产业集聚、交通方便外，各级政府抓住交通条件改善的时机主动出击，除了筑巢吸引投资者外，还组团招商引资。

雪中送炭的县域招商引资。高速公路的修建对于县域经济的发展来说，好比雪中送炭，给县域经济的起飞和招商引资插上双翼，高速公路路网的形成，把县城与四通八达的道路连成网络，吸引更多的企业投资。对河北省具有代表性的 22 个市（区、县）进行了调查，大都体现了这一特点。

6.6 高速公路建设对转变经济增长方式、产业结构调整的影响与贡献

6.6.1 高速公路的发展促进经济发展方式的转变和产业结构调整

根据产业结构的演进规律，在工业化初期，社会经济对第一产业的依赖程度

逐渐降低,对第二产业的依赖程度迅速上升,对第三产业的依赖程度缓慢上升,社会经济对第二产业的依赖程度最高;在工业化中期,社会经济对第一产业的依赖程度继续降低,对第二产业的依赖程度缓慢下降,对第三产业的依赖程度迅速上升,社会经济对第二产业和第三产业的依赖程度相近;在工业化后期,社会经济对第一产业的依赖程度和第二产业的依赖程度都继续下降,对第三产业的依赖程度继续上升,社会经济对第三产业的依赖程度最高。

从20世纪80年代中后期开始,河北的产业结构开始发生标志性变化。第三产业比重在1988年超过第一产业,产业结构序列转换为二、三、一。国民经济增长主要依靠第一、二产业推动从此转变为主要依靠第二、三产业推动,结构调整取得突破性进展。

从国际通行模式下GDP、三次产业构成比例看,当人均GDP为2000美元时,三次产业增加值的合理比例应该是15.4∶43.4∶41.2。30多年来,河北省第一产业比重大幅下降,第二产业比重保持基本稳定,第三产业比重明显上升。二、三产业增加值年均分别增长11.9%和12.8%,第一产业增加值年均增长5.3%。由于产业增长速度的差异,导致各产业增加值占全省GDP的比重发生了显著变化。三次产业增加值比重由1978年的28.5∶50.5∶21.0,调整为2007年的13.2∶52.8∶34.0。而在这一年,河北省人均GDP达到19877元。

6.6.2 高速公路发展与产业结构演变密切相关

高速公路的建设与运营极大地促进了河北省工业的发展。高速公路不仅带来了经济发展的预期,而且促进了经济技术开发区的建设和工业的发展。

1993年,河北省的工业发展出现了突飞猛进的势头,这和1987年河北省开始修建京石高速公路是分不开的。进入21世纪,河北省的高速公路建设因为特殊的地理位置仍然有平稳发展,产业结构也进一步向工业产业发展,第一产业进一步缩小,第三产业也有了稳步增加。到了2004年以后,工业产业出现了超常规的增长,这和河北省高速公路的超常规发展密不可分。河北省在全国率先提出了高速公路"路网"概念,确定了"五纵六横七条线"的高速公路路网新布局。高速公路建设进入一个新的快速发展时期。在2003—2007年的5年间,建成和在建高速公路里程超过2003年前15年的总和,这种超常规的高速公路建设给河北省的产业结构和经济结构带来了很大的影响。到2008年,河北省的产业结构呈现出12.57∶54.22∶33.21的结构,第一产业继续减少,第二产业最高,第三产业次之。不包括建筑业,第二产业中的制造业比第三产业还高出16%,可以看出,在高速公路带来工业发展的同时,河北省的产业结构也出现了不平衡。

产业结构的调整不仅包括产品结构的调整及各产业的比重调整，而且包括产业的空间布局调整和路域合作。近年来，河北形成了以黄骅港为依托的渤海新区也为河北建设沿海强省提供了有力支撑。它们周边发达的高速公路路网的建设为产业结构的调整提供了基础支撑。

6.6.3　高速公路对经济结构的作用

高速公路建设推动了经济结构优化。20 世纪 80 年代末期，高速公路开始兴建之时，正是我国城乡经济体制改革推进的时候。首先实施的农村改革促进了第一产业比重在一段时期的快速增长。随着以国企改革为重点的城市经济体制改革的逐步推进，第二、三产业得到了迅速发展，三次产业比例关系发生了新的调整和变化，工业主体地位增强。初步形成了以钢铁、装备制造、石油化工、医药、建筑建材、食品、纺织服装等产业为主体、富有河北特色的工业体系。作为以传统重工业和能源业为支柱产业的经济构成是河北省经济结构的一个根本特点。

高速公路促进地区经济结构改变。各地基础条件各异，生产要素分布也各不相同。例如，1990 年之前，黄骅市自然条件差，农业一直占主导地位。到 1990 年，黄骅市乡镇企业异军突起，工业迅速发展，三次产业结构调整为 32.1∶49.7∶18.2，第二产业的比重达到 50%，由于当时第三产业发展比较缓慢，第一产业比重仍占到 30% 以上。随着经济成长带动要素流动，“八五”时期后，黄骅市第三产业持续发展，经济结构逐年优化。2005 年以后，随着黄骅大港的建设和启动，沧黄高速公路及津汕高速公路黄骅段的通车运行，黄骅市第三产业中交通、毛衣等物流行业发展迅猛，三次产业结构调整为 10.8∶47.9∶41.3，第三产业比重突破 40%，和第二产业平起平坐。2009 年，黄骅市三大产业结构更加优化，比重调整为 10.8∶38.1∶51.1，第三产业比重已经突破 50%。这 20 年来，黄骅市的产业结构由“一、二、三”格局变为“二、一、三”格局，再逐步变为“二、三、一”格局，由于黄骅市东临港口，北接京津，服务性的黄骅地位逐年显现，第三产业的比重将会占据主导地位，截至 2009 年，产业结构已转变为“三、二、一”格局。

经济发展方式改变，建立现代产业体系。一是壮大主导产业，培育经济发展核心支撑。二是培育新兴产业。提升企业发展新的活力。三是按照增量调优、存量提升、做大做强的思路，不断加快优势传统工业的集聚与转移，优化提升传统服务业，大力发展现代农业，从而提高竞争力。为了推进产业结构优化升级，转变经济发展方式。为此，2009 年年底，河北省委省政府提出了《关于加快构建现代产业体系的指导意见》，指出必须加快建立既符合产业演进规律又体现河北特色的现代产业体系。

6.6.4 高速公路促进转变经济发展方式

多年来,河北省产业结构一直偏重,且产业技术层次较低,初级产品所占比重较大,一旦市场需求出现波动,弊端就暴露无遗。统计显示,2006 年,河北省共下达两批重点建设计划(打捆 163 项,单 660 项),截至 2006 年 11 月底,曹妃甸煤码头、怀安热电厂、沧化实业集团万吨乙丙酰胺生产线等 21 项通过国家审批或核准。近年来,河北省把重大项目建设作为推进产业结构调整,拉动经济增长,构筑建设沿海经济社会发展强省的战略支撑。这些项目都处于高速公路沿线,交通便捷,带动力强。

河北省现有的产业中大多是传统产业,而且多数产品位于产业链、价值链的中低端,对经济增长的支撑作用有限。2009 年,河北省 GDP 达到 17026.6 亿元。

加快产业体系建设,加快产业结构调整。在利用高速公路的便利打造现代产业体系方面,张家口市也是一个典型案例。张家口市高速公路通车总里程 534km,居全省第一、全国前列。境内已建成京张、宣大、丹拉、张石、京新等高速公路,张家口市三大产业集聚区,总规划面积 $80km^2$。为打造充满活力和竞争力的投资环境,构筑产业发展的载体和平台,张家口市利用荒山、荒坡及未利用地,规划建设了总面积 $130km^2$ 的“三大产业集聚区”和“四大物流园区”。其中,西山产业集聚区重点发展机械装备制造、绿色食品加工等产业;东山产业集聚区重点发展电子信息等高新技术产业;望山循环经济产业集聚区重点发展循环经济型产业。

淘汰落后产能,加快产业结构调整。2008 年成为七个超额完成淘汰指标的省份。污染企业盘踞中心城区的时代逐渐远去。腾出的土地,大多地处黄金地段,或改造成绿地,或用以发展现代服务业等新产业。腾出的市场,由技术含量高、环境污染小的先进产能来填充。有一组数据能直观地反映河北省在淘汰落后产能、节能减排上的拼力而为:2009 年,河北省 GDP 增长 10%。与此同时,化学需氧量削减率列全国第二位,二氧化硫排放削减量提前一年半达到“十一五”目标。全年单位生产总值能耗下降 5% 以上。近年来,河北省在淘汰落后产能和污染企业外迁,优化企业生产布局上下了不少功夫。

总之,随着更便捷的高速公路及其路网的建成,河北省充分利用环京津优势和环渤海优势,扩大引资规模,提高引资质量,瞄准国际市场,优化出口产品结构。已经初步形成了以调整优化经济结构为核心,通过产业结构调整,带动经济结构全方位调整优化的态势。同时,逐步实现以提高科技创新能力为突破口,带动产业竞争力提升,减少能耗降低排放,使产业走向高端化、品牌化的经济发展方式的转变。

▶▶▶ 第7章　高速公路对社会发展的影响与效益分析

社会发展包括经济发展以外的各个方面,如人口、城镇化、文化、劳动与就业、生活方式、思想观念、环境等。高速公路对社会发展所产生的影响,是通过它与国民经济各部门和社会再生产各环节之间的技术经济联系和交互作用来实现的,这些联系中,有些是直接影响,有些是间接影响,部分直接的影响可以在近期看到效益,而一些间接影响需要较长的时间才能看到效益,如对文化、观念、生活方式的改变等方面。因此,高速公路建设对社会发展的影响的特点表现为:更贴近民生,更为久远,不可定量性评价等。

7.1　高速公路对人民生活水平的影响

7.1.1　路域城市人口扩大、增速加快

高速公路的建设,能够显著地改善城市的集聚效应和辐射效应,不但城市本身会得到较大的发展,而且它还会带动周边地区的发展,随着城市功能和经济实力的不断增强,这些城市以经济开发为基础,对人口的吸纳能力也不断增强,使人口向城市集聚,改变了路域内的人口布局。截至1990年年底,河北省内非农业人口占总人口的比重为19.2%(1183万人/6159万人),2008年年底河北省非农业人口占总人口的比重为41.9%(2928万人/6989万人)。青兰高速公路(邯郸—馆陶段)2007年建成通车,2005年其非农业人口占总人口的比重为20.02%,2006年比重为28.95%,2007年比重为32.32%,2008年比重为34.91%,由此可以看出,修建高速公路的过程中和建成后,非农业人口比重大幅攀升。

7.1.2　增加就业机会,促进劳动力转移

截至2018年,河北省高速公路建成通车的里程达到7000多公里,创造了数

量可观的直接或间接就业岗位。在高速公路建设过程中,大批沿线劳动力从事土方的挖掘、运输、销售和建材的生产加工等,解决了当地农村很大部分的剩余劳动力。高速公路建成通车后,还需要大量人员从事公路养护管理工作。同时,高速公路的建成通车,大大缩短了时空距离,促进了路域沿线的劳务输出。以前,河北省内各县外出务工人员多是选择京、津等离家较近的城市务工,随着交通条件的改善,大批农村剩余劳动力走向了更远的浙江、江苏或广东、深圳等沿海发达地区。在吴桥,经常出现数十人集体包车通过高速公路前往青岛、烟台务工的情况,既节省了时间成本,又便捷舒适。

7.1.3 人民生活水平不断提高

1990 年,河北省城镇居民人均可收入 1397.35 元,农村居民人均纯收入 621.67 元。2008 年,河北省城镇居民人均可支配收入 13441.09 元,农村居民人均纯收入 4795.46 元,在这 18 年里分别增长了 9.62 倍和 7.71 倍,人民生活水平逐步提高。此外,高速公路的建设和运营,为沿线从事高速公路建设或服务的群众提供了就业机会和较高的收入。在高速公路修建过程中,来自四面八方的工程建设者及直接间接就业者,进行餐饮、娱乐、通信等方面的消费,促进了当地服务业的发展,为路域经济注入了活力。高速公路的发展与提高人民生活水平之间还存在一种间接的关系,即高速公路能够改善沿线人民群众的出行条件,为他们提供安全、快速、便捷的客货运输服务,对人民群众生活水平的提高起到积极的促进作用;反过来说,随着生活水平的逐步提高以及消费结构的升级,人们的交通消费需求趋旺,个性化趋势将更加明显,方便、快捷、舒适、安全、自主等价值取向明显增强,这在客观上又对高速公路的快速发展提出了迫切要求。

高速公路路网的形成和发展的另一个明显效果是刺激了汽车消费。2005 年,河北省城镇居民家庭平均每百户家用汽车拥有量是 3.94 辆人。2008 年则增加到 9.07 辆。近年来,随着高速公路建设速度的加快,城市间、城郊间道路交通条件显著改善,极大地方便了居民出行,加快了汽车进入家庭的步伐,带动汽车购买量的快速增长。

7.2 黄石高速公路对城镇化的影响与作用

高速公路是交通运输体系的重要组成部分,是交通运输体系的大动脉,由高速公路组成的交通运输网络是城镇体系发展的基础,也是进行城镇体系布局要考虑的最主要的因素之一。从河北省高速公路的发展来看,城镇体系的发展与高速公路的发展有着互为依托、互为促进的密切关系。现有的高速公路规划设计时充分考虑了城镇体系的规划,高速公路建成之后,又对沿线的城镇发展起到了很大的促进作用。可以说,高速公路的发展,缩小了城乡之间的距离,为城镇的发展创造了有利的空间条件,带动了新的城镇群体的出现和原有城市的扩展,调整了路域城镇体系的布局,加速了沿线的城镇化进程。

7.2.1　高速公路加快了城镇化进程

交通状况的改善是人口和产业集聚的先决条件,而人口和产业的集聚则会促使经济发展和市场繁荣。高速公路使城市与城市、城市与农村的经济联系和商品流通越来越密切,先进的科学技术、科学的生产经营管理方式、新的生活方式等通过高速公路不断地向沿线城镇和乡村渗透,从而促进地区经济的发展。

河北省高速公路经过30多年的发展,已经发展成了“五纵六横七条线”,2012—2019年通车里程达到5000km,省内各市(区、县)基本上20min内能上高速,高速公路成了河北省交通网络的主骨架。便捷的高速公路大大提高了省会与各市、县(市)以及城市与其他城镇的通达性,缩短了通行时间,降低了通行费用,改变了人口的空间分布。高速公路的出现使人口及产业迅速向其两侧聚集,人口产业的集聚带动了商业、餐饮等第三产业的迅速发展,吸引了大量农村人口、外来人口,从而促进城镇化水平的提高。河北省进入了城镇化的快速发展时期,同时这也是河北省高速公路的快速发展时期,在这一时期,多条高速公路建成通车。

7.2.2　高速公路促进城镇化质量

城镇化使第二、第三产业向城镇聚集,农村人口不断向城镇转移,从而使城镇数量增加,城市规模扩大。伴随着城市物质文明、生产方式和生活方式向农村扩散的过程。城镇化不仅表现在城镇人口的增加和城镇数量的增长这样的速度指标上,还表现在经济发展水平、产业结构、基础设施建设、环境保护、城市管理等质量指标上。

总体来说,随着高速公路网的形成和发展,以及路域经济的整体发展,工业企业可以通过资本的转移,减轻其对原属市的土地的巨大依赖,这不仅可以解决土地压力,也可以缓解城市的空间压力、人口压力、环境压力、能源压力等,使城市保持高效率和合适的规模。同时,随着资本的转移,技术、生产方式、管理模式等要素也随之转移至周边地区,这样为周边地区解决了最关键的经济增长问题。

通过这种方式,城市的资本、技术等重要生产要素辐射到周边地区,可以带动整个路域的经济发展。通过调查发现,河北省第二产业的发展出现了沿着高速公路向中小城市转移的趋势。例如,藁城区由于毗邻省会,有着便捷的高速交通网络,区位优势明显,容易吸引企业和生产力要素,形成产业的相对集中和聚集,它不但承载了石家庄市的产业转移,如河北制药、四药股份、石家庄卷烟厂等企业迁入,还吸引了青岛啤酒、鲁花花生油等项目的入驻,有力地带动了当地第二产业的发展,促进了经济水平的提升。

高速公路运输系统作为支撑经济增长的基本要素之一,对产业结构的转化有着重要影响。一方面,发达的高速公路缩短了城市间的交通距离,降低了城市间的交通成本,促进了沿线路域城市经济的产业分工和专业化的深化,并带动城市产业结构的演进;另一方面,发达的高速公路使不同的城市间的社会经济联系更为紧密,加速了统一市场的形成,由于市场竞争所形成的优胜劣汰机制,又进一步促进了产业的空间转移和空间重组,在更大的空间范围内促进了路域产业布局的优化。

高速公路的建成和通车,可以有力地带动沿线道路、交通运输、住房等基础设施建设。高速公路通车后采用封闭式管理方式,进出高速公路只能通过固定的出入口,这势必带动周边连接线的建设以及路域内各等级高速公路的建设。高速公路的建成和通车,还可以带动沿线的交通运输业发展,促进人流、物流、信息流的流动。高速公路还能提升沿线土地价值,在高速公路出入口附近形成工业园区和人口聚集地。城市的文明观念、生活方式以及生产方式等逐渐通过高速公路向周边地区渗透,使周边地区的生产效率、生活水平和文明观念均得到提高。

7.2.3 高速公路改变城镇体系空间结构

高速公路与城镇的分布是相互影响的。首先,原有的城镇分布与城镇体系决定着高速公路规划建设的主要线路。高速公路修建的目的就是促进城市之间的联系,发挥城市的集聚与扩散功能,促进城乡一体化的发展。其次,高速公路的规划、建成和通车,会加强原有城镇的集聚及扩散趋势,并促进新城镇的出现,从而改变整个路域城镇体系和空间结构。最后,随着城市规划和经济实力的不断壮大,急切需要加强和其他城市的联系交往,这样也会促进新高速公路线路的出现,进一步完善高速公路交通网络结构,进而促进路域经济社会的可持续发展。

高速公路对城镇的扩展方向有着明显的影响,从整个交通网络上来看,各个城市就是交通轴线上的节点,新的交通轴线的建成会改变现有的城镇发展方向。在高速公路的出口附近,尤其是那些具备资源、区位、劳动力等优势的地区,在获得一定的政策支持后,会吸引一部分工厂企业集聚于此,利用高速公路带来的便捷条件带动其发展。当这种集聚积累到一定程度,会形成高速公路产业带,进而出现新的小城镇。

高速公路的修建不但会对城镇体系的空间结构产生影响,而且会促进城市群的出现。第一,它缩短了城市间的时空距离,提高了城市间的连通性,增强了城市间的吸引力,使路域内各城市联结成更为紧密的城镇体系,进而为形成以高速公路为轴线的城市群创造了条件;第二,高速公路改变了城市间主要交通干道的位置,并实行封闭式的交通管制,使得原来部分依托省级、县级公路发展的小城镇布局因失去了原有的区位优势而开始衰落,但高速公路出口地区的区位优势,又催生了一些新的人口聚集地和产业布局中心出现。河北省"五纵六横七线"的高速公路布局,带动形成了以石家庄为中心的冀中南城市群和以唐山为中心的冀东城市群,石家庄、唐山作为省域内两个中心城市,城市规模不断扩大,实力不断增强,在省内发挥了领跑作用。以兴隆县、滦平县、丰宁满族自治县、怀来县、涿鹿县、赤城县、遵化市、玉田县、三河市、香河县、大厂回族自治县、固安县、永清县、霸州市、文安县、大城县、涿州市、高碑店市、涞水县、青县和芦台经济技术开发区、汉沽管理区 22 个市(区、县)为依托,强化与京津的基础设施对接,增强承接京津产业梯度转移的能力,构筑形成了环京津卫星城市带。以沿海高速和港口为依托,将会带动秦皇岛、曹妃甸、黄骅为主的沿海城镇带。

7.3　高速公路对文化、观念方面的影响

7.3.1　高速公路改变了人们的生活方式

高速公路在提高人们生活水平的同时,也促进了生活方式的变迁,主要表现在购物、旅游、亲戚联系等方面。

高速公路在推动地方经济发展的同时,刺激了人们的消费需求,消费层次也不断提高。2006 年,沧黄高速公路建成运营,使黄骅市到沧州市的车程由原来的 1 小时缩短到半小时。随着私人汽车保有量的增加,黄骅市民更加频繁地往来于沧州与黄骅之间,尤其经常到沧州市区购买服装甚至一些日用品。许多家长还把孩子送到沧州师资较好的学校去读初中,接受更好的教育,每周回家一次。黄骅东临渤海,自然环境优越,沧黄高速公路通车后,许多沧州市民周末会

到黄骅的农家乐或渔村度假观光，到黄骅买房的居民也随之增加，促进了当地的房地产市场和旅游业发展。

高速公路的普及，极大地缩短了人们之间因空间分隔而造成的心理距离，亲戚关系、姻缘关系、合作关系、朋友关系的来往更加便利和频繁，社会交往半径得到扩大。武安市人在没有通高速公路之前，开车到北京需要七八个小时，由于拉煤的货车多，堵车是经常的事情，有时到北京需要耗费一天甚至更长的时间。京珠高速公路的开通，尤其是青兰高速公路的开通，武安开车到北京的时间缩短为4~5h。例如，以前武安高先生一家与北京的一个远方表亲基本没有见过面，互相往来很少。自青兰高速公路开通之后，高先生去北京的机会多了，遇长假经常开车和全家去北京玩儿，与表亲见面的机会也就多了，相互往来多了。2008年，高先生的儿子考上了北京的大学，儿子在北京得到了亲戚很好的照顾，高速公路的建设加强了高先生和远方亲戚的感情联络，使高先生感受到与外地社会资源联系的便利与好处。

7.3.2 高速公路促进思想观念的开放

高速公路的开通，巨大的人流、物流、信息流以前所未有的空间立体流动方式在改变人们的社会交往方式和生活方式的同时，也悄然地改变着人们的思想观念。高速公路快速高效的特点使人们在时间、效率及效益观念上都有极大的改变，人们的商品意识和市场意识、开放意识大大加强。2007年青兰高速公路通车后，对馆陶蔬菜产业的发展起到了很好的促进作用，交通的便利使群众发展特色产业的积极性提高，就蔬菜产业而言，全县蔬菜种植面积由2006年14万亩发展到2009年的16万亩，2010年达到了16.5万亩。由于蔬菜保鲜的时效性，对蔬菜运输到达目的地的及时性有很高的要求，因此，借助青兰高速公路的快速高效，馆陶人民积极扩展蔬菜销售范围，由原来的主要销往中小城市及周边县城发展到销往到青海、湖北、北京、辽宁、天津等大中城市及周边地市。尤其注重北京市场的开拓，在2008年，馆陶被选为奥运会期间进京蔬菜基地。

高速公路的建设还使沿线居民的视野更加开阔，思想更加解放。馆陶县的蔬菜种植十分注重国外优良品种和优秀种植技术的引进，引进国外优质品种面积由2006年的5000亩发展到2010年的16000亩，先后引进以色列的西红柿、法国的西葫芦、泰国的架豆以及我国台湾的肉丝瓜、洋香瓜等新品种。这为馆陶蔬菜产业的进一步发展提供了更为广阔的空间。

高速公路缩短了城乡之间的时空距离，促进了城乡之间的社会流动，社会流动又促进了农村社区的社会变迁，原有的封闭思想和观念被打破，农民出行的频率不断增多,出行范围不断扩大。调查显示,深州市在1999年黄石高速公路通车之前,农民一年内没有外出打工经历的占66.8%,42.3%的人在此之前没有出过县城。当时从深州到北京需要坐六七个小时,而且要到沧州倒车,基本上要耗费一天的时间,许多农民因为交通不便,而对外出打工心存犹豫。黄石高速公路开通之后,深州到达北京、天津、太原、济南、德州、石家庄、保定、邯郸、邢台等9个400万以上人口的大中城市仅需3h车程。农民外出打工的意愿不断增强,现在农民外出打工出远门已经不是一件很难的事情,彻底告别了过去出一次门要兴师动众、早早筹划的情形。当地农民说,"现在出门打工就像上下班一样简单方便。"高速公路的开通,不仅缩短了深州到达京、津的时间,也使得通往内蒙古、山东、东北、东南等地的交通非常便利,这也推动了深州农民外出务工的范围不断扩大,到京津冀地区的务工人员占到85%左右,东北地区、东南沿海和西南地区的务工人员占到15%左右。深州市累计在外务工人员由20世纪90年代的两三千人增加到现在的5.47万人,每年为农民增收6.56亿元。

7.3.3 高速公路促进文化的传播

作为现代交通手段之一的高速公路,具有高速化、大容量化、远程化、信息化、舒适化等特性,这克服了地理空间给人类造成的障碍,为人们在大空间、远距离的条件下进行交流创造了良好的物质条件。同时,高速公路还缩短了人们学习外域文化的空间距离,节约了沟通时间,增加了接触其他社会群体和文化要素的机会,增加了接触外界文化的机会。高速公路使文化传播突破了空间路域的限制,出现了跨地理空间传播的现象。高速公路使社区间的文化差异日益缩小,这是高速公路对于文化传播的真正意义所在。其主要原因是发达的交通为社会成员接受外界文化和外来人群流入并加速不同社会文化相互交流创造了基本条件,同时促进了不同社会成员间的流动和与异域文化之间的融合。

7.3.4 高速公路成为精神文明的窗口

改革开放以来,河北省高速运输系统坚持"两手抓,两手硬",把精神文明建设与高速发展工作统一规划、统一部署、统一实施,不断提升行业软实力,推动文明创建工作持续深入开展,取得了丰硕的成果。一方面,积极开展群众性文明创建活动,在高速收费站等开展"三星级"服务窗口、"文明示范窗口"、"青年文明号"等创建活动,文明服务水平明显提升。另一方面,积极培育企业文化建设。河北省高客公司提出"安全、舒适、快捷、温馨"的经营理念,积极探索人性化管理，推行航空式服务，充分实现了高速公路建设、运营、管理在精神文明和文化建设的窗口作用。

高速公路以其快速、高效、安全、畅通的特点，对河北省的经济发展和社会生活起到了巨大的推动作用，高速公路管理作为一个全方位的系统工程，它的综合管理水平的高低，直接影响到高速公路能否更好地发挥其应有的经济效益和社会效益。因此，高速公路建设把精神文明建设贯穿于高速公路管理的始终，实现物质文明和精神文明的共同进步，实现经济和社会的协调发展。结合高速公路管理的特点和精神文明建设的内容，以树立高速公路形象为中心，努力提高全体员工思想素质和业务素质，以争先创优、为社会服务、为驾乘人员着想为中心，努力改进思想作风和工作作风，把“两个文明”建设提高到一个新水平。

7.4　高速公路建设对生态环境的影响

环境保护和资源节约工作是功在当代、利在千秋、造福人类的崇高事业，也是社会各界和各行各业的共同责任。近年来，高速公路发展过程中越来越重视环境保护和资源节约工作，大力倡导可持续发展理念，通过科学的决策和有效的管理，在高速公路快速发展的同时，不断加强环境保护和资源节约工作，努力打造环境友好型、资源节约型行业，为建设“生态河北”和构建社会主义和谐社会作出了积极的贡献。

7.4.1　高速公路建设中生态环境规划

高速公路环保的规划是由投资方来做，评估环境风险，调查风险的源头，预测生态环境破坏的程度，设计方案提前采取防护措施，对预测的危害予以弥补，尽量降低工程建设对周边生态环境的破坏程度，减少因生态环境破坏而带来的显性及隐性损失。环评机构做调查，提出规划意义，对建筑垃圾、周边绿化等事宜制订详细规划。

在高速公路建设中，广泛征求了国土、林业、水利、环保等方面专家的意见，深入开展技术方案论证，使高速公路的规划设计由一个多部门、多学科组成的设计团队协作完成，使交通发展与自然环境保持和谐。要采取有效措施进行生态恢复以维护可持续发展，优化路域环境使破坏程度降至最低。坚持可持续发展，建设资源节约型、环境友好型的生态公路。深州段高速公路建设指挥部在建设之初就把生态和环境保护摆在突出位置，制定了《环境保护管理办法》《建设典型生态示范公路规定》等管理制度，认真贯彻质量管理原则，层层落实责任，严格现场管理。

7.4.2　高速公路建设中生态环境保护

1)加强高速公路建设中的环境治理

高速公路在规划线路方案时一开始就考虑了生态环境的保护,在建设中多绿化、少取土、多砌挡墙和排水沟,尽量减小噪声、废气的污染。在防噪声方面,设定噪声防护距离为200m,对防护距离内的范围,如有住户尚未搬迁,采取隔音防护处理,消减音量。对于在建的和已建的高速公路,由于路线通过而对当地生态环境造成影响的地区,适时进行了相应的环境评价,并采取适宜的解决措施。为防止扬尘污染农田作物和树木,路基施工现场全部配备洒水车。所选取的沥青混合料及稳定土等拌和厂,其距离环境敏感区、环境敏感点均在500m以上,且设于当地主导风向的下风口,基层拌和场均设置篷布围场。工程施工中的弃土、废料影响周边生态环境,对此,工程建设指挥部制订了周密的无害化处理方案,要求对废料进行无害化处理,尽可能二次利用,无法利用的要集中堆放,挖坑深埋。具体负责公路建设和管理的沿线各地公路局项目办公室在抓工程质量、进度和效益的同时,大力开展公路的生态绿化建设,综合运用工程、生物、农艺、管理等措施将公路建设对环境的影响降至最低。同时,还考虑到高速公路对人文景观、文化遗产的影响。

2)充分利用自然资源,减少污染

大广高速公路衡大段工程沿线在工程勘察定线的阶段,该处就针对此情况进行了认真调研,尽可能地就地取材,在尽可能地保护环境的前提下,充分利用自然资源,降低路基高度,少占耕地农田。在路线平、纵面设计与横断面布置方式上非常注重与地形的配合,考虑填挖平衡,降低路基土石方工程数量。在施工过程中,通过对各个地点进行详细勘察,保证能够利用的土石方绝对不丢弃,并进行合理调配。衡大高速公路全线挖方的土石方本桩利用221万m^3,远运利用717万m^3,节约填方938万m^3,节约弃土场征地180亩,既美化了环境,又有效地避免了“公路垃圾”对环境的污染。

高速公路建设不可避免地要消耗一定的资源,同时也必然对生态环境造成一定的负面影响。在高速公路建设中,应充分考虑因地制宜,适当增加高架桥以避免大填大挖,减少对生态环境的破坏,这给高速公路及缓冲区的生态环境带来良性影响。把有效节约资源和保护生态环境的理念贯穿在工作的各方面,按照建设低投入、高产出、低消耗、少排放、能循环、可持续的节约型行业的要求,在保证安全、满足服务功能的前提下,尽量节约建设成本。依靠科技进步,努力提高公路建设的整体水平,不断降低能源消耗和废弃物的排放量。

7.4.3 高速公路建设与管理运营

高速公路在建设过程中充分考虑了节约土地、保护环境的原则。为有效节约和保护耕地,施工人员尽量将取土现场设在荒坡秃岭和贫瘠土地,尤其对邻近施工现场且地势较为平坦的取土场,平整后用作路面施工临时用地,避免了重复征地。按照国家《土地管理法》等法律法规的要求,实行最严格的土地保护政策,合理选择设计方案,千方百计节约耕地资源。

大广高速公路衡大段采用创新理念,在设计施工中提出了下挖横向通道降低路基高度的设计理念并采用渗透排水技术,不但实现雨水回灌,有效解决了下挖通道积水问题,而且使路基高度平均降到1.3m。渗透排水技术的应用是平原高速公路建设技术上的一个突破,将产生巨大的经济、社会和环保效益。与高路基相比,低路基具有占地少、土方量小、借土少、边坡防护工程规模与难度小、造价低等优势。大广(大庆—广州)高速公路深州—大名段在全长220km路段的80.6km中应用了渗透排水技术,使路基平均填土高度降低了1.6m,减少永久占地约581亩,减少取土占地约6103亩,减少路基土石方536万m^3,直接减少工程造价约2.58亿元。

7.4.4 高速公路绿化中的生态保护

公路绿化是高速公路生态恢复和保护中很重要的一项工作。河北省高速公路绿化的生态保护即针对各地区特点,开展高速公路绿化工作,达到绿化环境、保护路基、增加植被覆盖率、减少水土流失的目的,为维护自然生态发挥积极作用。这是高速公路生态环境保护,高速公路与环境协调发展的重要环节。

1)高速公路绿化的美化功能

河北省高速公路绿化遵循“因地制宜、因路制宜、景观协调。乔灌、花、草结合易于养护”的原则,力求为用路人提供一个高效和谐的交通环境,从而提高高速公路生态效益和景观效果。一方面以植物为主造景植物。造景不仅能改善高速公路的生态环境,在降温、增加空气湿度、改善环境、消除噪声、净化空气等方面发挥作用,不仅能改变地形地貌,还可以遮蔽一些不美观的人工构造物,使普通的道路景观富有生机。黄石高速公路沿线两翼建50m宽的绿化带,形成了“带中有景,景中有带”的高档次绿化景观。例如,深州段高速公路的两翼林带绿化,春季林茂成荫,每当行驶到这个区间时,总会令人感到有种清爽、安全、柔和之感，同时也有利于减轻驾驶员的疲劳感。另一方面从整体效果设计，为了衬托高速公路的宏伟气魄，同时适应用路人瞬间观景的视觉要求，采用大色块的造景设计较为合适，不仅整体效果鲜明，景观开阔、简洁，而且成片成林地种植同种植物也会给植物群生创造良好的生长环境。同时，提高植物成活率（如各立交区针阔乔灌混交等）。另外，由于高速公路绿地呈线状，因此在构图选择上应保证整个沿线绿地有统一协调感，做到统一中有变化、提高道路景观整体绿化效果。

2）高速公路绿化的水土流失的保护功能

随着高速公路交通生态环境保护意识，高速公路与环境协调发展意识的增加，实现主体工程与环境工程同步的目标，边坡的植物防护受到越来越高的重视。从环境角度来讲，如果坡面植被发育，则雨滴经过植物杆、茎、叶才能到达坡面，从而削弱了雨滴动能，降低了冲击力，并且部分水量被植被分散和蒸发，径流量相对减少，同时减低流速，使冲刷能力变弱。因此，高速公路绿化对高速公路具有保护作用。

在公路与生态环境的融合中，路基的防护提倡“不见土少见石，适应地形、保持原貌”的防护理念，确保高速建成后自然环境不被破坏，使高速公路真正融合于生态环境之中。针对一些路段生态植被极脆弱的特点，有些管理处还专门进行技术开发，拿出近千万元进行生态环境改造，建立山区高速公路取（弃）土场优化设置及其生态环境安全模式，取（弃）渣土选择合适位置，最大限度使高速公路水土流失减小乃至降到最低程度。河北省高速公路边坡生物防护采用植物防护可有效防护丰水年份的边坡水土流失问题，并且与工程防护相比可降低工程造价格50%～70%，即使结合工程措施进行防护，也比单一工程防护节省资金30%以上。另外，生物防护的长效作用也是显而易见的，工程防护随着时间的推移，岩石的风化，混凝土的老化，钢筋的腐蚀，强度降低，使用效果也越来越差。而采用植被护坡则与此相反，随着植物的生长和繁殖，对减轻坡面不稳定性和侵蚀方面的防护作用会越来越大。因此，在边坡栽植根系发达的植物，可以达到固土保土、稳定路基的目的。

第 8 章　评价指标体系应用分析与研究

8.1　评价体系的应用

选定评价对象后,在不同阶段,评价的侧重点是不同的;同样,即使在相同的阶段,不同的分析需求也会造成评价方向的差异性,因而需要因地制宜地选择不同的评价方法,确保评价方法的合理性。

不同阶段评价方向的差异性表现如下。

1)现状分析阶段

在现状分析阶段,高速公路以及周边的路网基本确定,土地利用和经济发展在一段时间内保持稳定,该阶段的评价主要是以评价和分析高速公路现状所带来的影响范围和程度为主。同时,其也可作为高速公路建成之后,对高速公路运行结果进行评估的依据,并与规划阶段的期望目标进行对比分析。

2)方案设计阶段

在该阶段,主要是分析现状的高速公路及其路网与规划的高速公路之间的差别,为制订方案提供支持,并在对初始方案进行分析的基础上,提出改善建议,为进一步调整方案提供信息,在方案设计后期用某种综合指标将规划方案的各个项目进行建设排序。

3)方案选择阶段

该阶段主要对各个阶段方案进行比较,因此,需要选择能够体现决策目标等各方面的评价指标,并采用决策模型将其通过某种指标体现出来,为决策者提供理论依据。应采用定量和定性相结合的评价分析方法。

8.2 评价方法分析

8.2.1 层次分析法

层次分析法(Analytic Hierarchy Process,简称 AHP)是指将一个复杂的多目标决策问题作为一个系统,将目标分解为多个目标或准则,进而分解为多指标(或准则、约束)的若干层次,通过定性指标模糊量化方法算出层次单排序(权数)和总排序,以作为目标(多指标)、多方案优化决策的系统方法。

具体来说,层次分析法是将决策问题按总目标、各层子目标、评价准则直至具体的备选方案的顺序分解为不同的层次结构,然后用求解判断矩阵特征向量的办法,求得每一层次的各元素对上一层次某元素的优先权重,最后再用加权求和的方法递阶计算各备选方案对总目标的最终权重,此最终权重最大者即最优方案。这里所谓"优先权重"是一种相对的量度,它表明各备选方案在某一特点的评价准则或子目标,表示优越程度的相对量度,以及各子目标对上一层目标而言重要程度的相对量度。层次分析法比较适用于具有分层交错评价指标的目标系统,而且目标值又难于定量描述的决策问题。其用法是构造判断矩阵,求出其最大特征值及其所对应的特征向量 W,归一化后,即为某一层次指标对于上一层次某相关指标的相对重要性权值。

1)优点

(1)系统性的分析方法。层次分析法把研究对象作为一个系统,按照分解、比较判断、综合的思维方式进行决策,成为继机理分析、统计分析之后发展起来的系统分析的重要工具。系统的思想在于不割断各个因素对结果的影响,而层次分析法中每一层的权重设置最后都会直接或间接影响到结果,而且在每个层次中的每个因素对结果的影响程度都是量化的,非常清晰、明确。这种方法尤其可用于对无结构特性的系统评价以及多目标、多准则、多阶段等的系统评价。

(2)简洁实用的决策方法。这种方法既不单纯追求高深数学,又不片面地注重行为、逻辑、推理,而是把定性方法与定量方法有机地结合起来,使复杂的系统分解,能将人们的思维过程数学化、系统化,便于人们接受,且能把多目标、多准则、难以全部量化处理的决策问题转化为多层次单目标问题,通过两两比较确定同一层次元素相对上一层次元素的数量关系后,最后进行简单的数学运算。无须具备深厚的理论知识背景也可以了解层次分析的基本原理和掌握它的基本步骤,计算方法简便,并且所得结果简单明确,容易为决策者了解和掌握。

(3)所需定量数据信息较少。层次分析法主要是从评价者对评价问题的本质、要素的理解出发,比一般的定量方法更讲求定性的分析和判断。由于层次分析法是一种模拟人们决策过程的思维方式的一种方法,层次分析法把判断各要素的相对重要性的步骤留给了大脑,只保留大脑对要素的印象,化为简单的权重进行计算。这种思想能处理许多用传统的最优化技术无法着手的实际问题。

2)缺点

(1)不能为决策提供新方案。层次分析法的作用是从备选方案中选择较优者。这个作用正好说明了层次分析法只能从原有方案中进行选取,而不能为决策者提供解决问题的新方案。

(2)定量数据较少,定性成分多,不易令人信服。如今对科学方法进行评价时,一般认为一门科学需要比较严格的数学论证和完善的定量方法。但现实中的问题和大脑考虑问题的过程很多时候并不能简单地运用数字来说明一切。层次分析法是一种带有模拟大脑的决策方式的方法,因此必然带有较多的定性色彩。

(3)指标过多时数据统计量大,且权重难以确定。当我们希望能解决较普遍的问题时,指标的选取数量很可能也就随之增加。这就像系统结构理论,我们要分析一般系统的结构,要搞清楚关系环,就要分析到基层次,而要分析到基层次上的相互关系时,要确定的关系就会非常多。指标的增加意味着我们要构造层次更深、数量更多、规模更庞大的判断矩阵,那么就需要对许多指标进行两两比较的工作。由于一般情况下我们对层次分析法的两两比较是用 1 ~ 9 来说明其相对重要性,如果有越来越多的指标,对每两个指标之间的重要程度的判断可能就会出现困难,甚至会对层次单排序和总排序的一致性产生影响,使一致性检验不能通过。也就是说,由于客观事物的复杂性或对事物认识的片面性,通过所构造的判断矩阵求出的特征向量(权值)不一定是合理的。

(4)特征值和特征向量的精确求法比较复杂。在求判断矩阵的特征值和特征向量时,所用的方法和多元统计所用的方法是一样的。在二阶、三阶时,我们还比较容易处理,但随着指标的增加,阶数也随之增加,在计算上也会变得越来越困难。

8.2.2 灰色关联度分析法

灰色关联度分析(Grey Relovtion Analysis,简称 GRA)是灰色系统理论应用的主要方面之一。它是针对数据少且不明确的情况下,利用既有数据进行预测或决策的方法。灰色关联度分析认为若干个统计数列所构成的各曲线几何形状越接近及各曲线越平行,则它们的变化趋势越接近,其关联度就越大。因此,可利用各方案与最优方案之间关联度的大小对评价对象进行比较、排序。该方法首先是求各个方案与由最佳指标组成的理想方案的关联系数矩阵,由关联系数矩阵得到关联度,再按关联度的大小进行排序、分析,最终得出结论。

优点:计算简单,通俗易懂,对数据不必进行归一化处理,无须大量样本,也不需要经典的分布规律,只要有代表性的少量样本即可。

缺点:许多因素取值不同会导致相关系数不唯一,所求得的关联度往往为正值,不能全面反映事物之间的关系,且不能解决评价指标间相关造成的评价信息重复问题,因而指标的选择对评判结果影响很大。

8.2.3 主成分分析法

主成分分析(Principal Component Analysis,简称 PCA)是一种数学变换的方法,它把给定的一组相关变量通过线性变换转换成另一组不相关的变量,这些新的变量按照方差依次递减的顺序排列。实际上,作了两个层次的线性合成:第一层次将原始指标通过恰当的线性组合而形成主成分,按此累计方差贡献率不低于某个值的原则确定前几个主成分,这反映了原始指标的信息;第二层次是各个主成分以各自的方差贡献率为权重,通过线性加权求得综合评价指标来分析路网的优劣,这反映了各主成分的信息。

优点:理论简洁,客观赋权,权重值是根据综合因子的贡献率的大小确定的,克服了某些评价方法中人为确定权数的缺陷,使得综合评价结果唯一,且客观合理。

缺点:计算过程比较烦琐,对样本量的要求较大,且结果与样本量的规模有关,同时 PCA 假设指标之间的关系都为线性关系,若指标之间的关系并非线性关系,则有可能导致评价结果偏差。

8.2.4 单纯矩阵法

单纯矩阵法源于系统工程理论,其基本思路是避开各种指标之间错综复杂的关系,而主要着眼于判断各指标之间的相对重要程度,以及判断分别考虑各单项评价指标时各方案之间两两比较的相对优劣程度。

优点:概念简明。

缺点:受人的主观意愿影响较大。

8.2.5 模糊综合评价法

模糊综合评价法(Fuzzy Comprehensive Evaluation,简称 FCE)是以模糊数学为基础,应用模糊关系合成的原理,将一些边界不清、不易定量的因素定量化,进行综合评价的一种方法。它是模糊数学在自然科学领域和社会科学领域应用的一个重要方面。模糊综合评价法首先确定被评价对象的因素(指标)集和评价集,再分别通过隶属度向量,获得模糊评价矩阵,最后把模糊评价矩阵与因素的权重集进行模糊运算并进行归一化,得到模糊综合评价结果。

优点:考虑到了客观事物内部关系的错综复杂性和价值系统的模糊性,克服了传统数学方法结果单一性的缺陷。

缺点:不能解决评价指标间相关造成的信息重复问题,因此它适于处理定性指标较多或指标界限不明的综合评价问题。

8.2.6 德尔菲法

德尔菲法(Delphi Method),又称专家规定程序调查法。该方法主要是由调查者拟定调查表,按照既定程序,以函件的方式分别向专家组成员进行征询;而专家组成员又以匿名的方式(函件)提交意见。经过几次反复征询和反馈,专家组成员的意见逐步趋于集中,最后获得具有高准确率的集体判断结果。

优点:可以避免群体决策的一些可能缺点,声音最大或地位最高的人没有机会控制群体意志,因为每个人的观点都会被收集;另外,管理者可以保证在征集意见以便作出决策时,不忽视重要观点。

缺点:专家选择没有明确的标准,预测结果缺乏严格的科学分析过程,最后趋于一致的意见,仍带有随大流的倾向。

8.2.7 数据包络分析法

数据包络分析法(Bate Envelopment Analysis,简称 DEA)是根据一组关于"输入—输出"的观察值来确定有效生产前沿面的分析方法。

优点:不需要给出输入—输出的函数关系。

缺点:决策单元相对效率只能通过投入或者产出测算,且两种测算结果通常不同,决策单元是否有效还须在相应的数学规划中引入无穷小后才能判断。

8.2.8 人工神经网络

人工神经网络主要根据神经网络具有较强的模式识别能力,通过对给定样本的模式学习,获取评价专家的经验、知识、主观判断及对目标重要性的倾向,从而实现对样本模式以外的对象进行系统评价。

优点:避免了确定评价指标权重时的主观性,是定性分析与定量分析的有效结合,较好地保证了评价的客观性。

缺点:对样本需求较大,学习过程较长。

8.2.9 评价方法对比与选择

根据已有的基础数据和可行性原则,在比较了各种评价方法的优缺点后,选择层次分析法作为本次研究的评价方法。通过层次分析法,可以计算出高速公路路域范围内的各个被影响城市的得分高低,得分越高,则受到高速公路的影响越大。同时也可以选择高速公路路域范围之外的城市进行数据计算,对比路域范围内的城市得分,从而说明高速公路所带来的经济影响。

8.3 实 例 应 用

本书选择黄石高速公路作为研究对象。

8.3.1 黄石高速公路简介

黄石高速公路,又称黄石高速,全称是黄骅—石家庄高速公路,中国国家高速公路网编号为 G1811,是 G18 国道的联络线之一,全线位于河北省境内,于 2000 年 12 月 10 日全线通车,全长 367km,主要走向为黄骅港—沧州—石家庄—太原。考虑到实际评估的可行性,选择黄石高速公路从沧州市到石家庄市之间的路段作为研究对象。该路段两侧的主要县级(地级)城市包括藁城区、无极县、晋州市、辛集市、衡水市、深州市、武强县、武邑县、阜城县、献县、泊头市、沧县。最终考虑的影响路域将在这些城市中进行范围划分。

在第 3 章中,已经对该路段的影响路域进行了分析,并划分出具体的影响路域(图 3-1)。

8.3.2 层次分析法的具体步骤

步骤一：建立层次结构模型

在深入分析实际问题的基础上，将有关的各个因素按照不同属性自上而下地分解成若干层次，同一层的诸因素从属于上一层因素或对上层因素有影响，同时又支配下一层的因素或受到下层因素的作用。最上层为目标层，通常只有一个因素，最下层通常为方案或对象层，中间可以有一个或几个层次，通常为准则层或指标层。当准则层过多时（如多于9个），应进一步分解出子准则层。

本书建立的层次分析法模型，如图8-1所示。

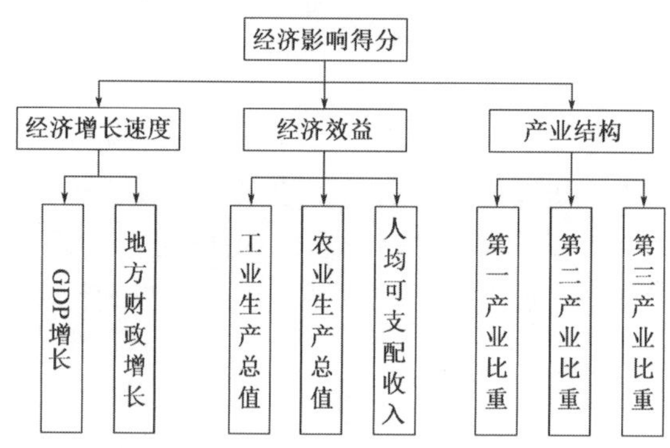

图8-1 层次分析法模型

步骤二：构造成对比较矩阵

从层次结构模型的第2层开始，对于从属于（或影响）上一层每个因素的同一层诸因素，用成对比较法和1～9比较尺度构造成对比较矩阵，直到最下层。

增长速度矩阵：
$$\begin{pmatrix} 1 & \frac{2}{3} \\ 1.5 & 1 \end{pmatrix}$$

经济效益矩阵：
$$\begin{pmatrix} 1 & 1.5 & 0.6 \\ \frac{2}{3} & 1 & 0.4 \\ \frac{5}{3} & 2.5 & 1 \end{pmatrix}$$

产业结构矩阵：
$$\begin{pmatrix} 1 & 1 & 1 \\ 1 & 1 & 1 \\ 1 & 1 & 1 \end{pmatrix}$$

步骤三:计算权向量并做一致性检验

对于每一个成对比较矩阵计算最大特征根及对应特征向量,利用一致性指标、随机一致性指标和一致性比率做一致性检验。若检验通过,特征向量(归一化后)即为权向量;若检验未通过,则需重新构造成对比较矩阵。

步骤四:决策

可通过最终的得分来对评价目标进行分析评价,得出相关结果。

8.3.3 具体指标数据

将已有的城市相关经济数据进行统计分析,得到表8-1所示的结果。由于不同城市本身的经济水平各有差异,为了能更加合理地显示出高速公路带来的影响,选择数据的增长率来作为指标的具体计算值。其中,GDP增长速度和地方财政增长速度选择的是黄石高速公路通车后近10年的平均增长速度,工业生产总值和农业生产总值增长速度也是近10年的生产总值增长速度的平均值,人均可支配收入增长是近10年人均可支配收入增长的平均值,三产业比重则是2012年各产业的比重,见表8-1。

各市(区、县)指标计算值(%) 表8-1

市(区、县)名称	GDP增长速度	地方财政增长速度	工业生产总值增长率	农业生产总值增长率	人均可支配收入增长率	第一产业比重	第二产业比重	第三产业比重
泊头市	18.8	20.4	26.5	12.6	13.9	13	52	35
沧县	12.5	23.6	24.8	15.1	12.8	13.9	46.7	39.4
沧州市	15.2	22.5	10.6	30.2	6.6	13	50	37
藁城区	17.7	42.9	28.6	11.0	—	—	—	—
衡水市	10.8	14.3	10.3	11.9	10.8	—	—	—
晋州市	13.6	15.7	29.8	17.5	12.6	13.3	54.4	32.3
深州市	10.9	18.8	9.5	14.8	10.5	26.0	50.9	23.1
石家庄市	14.4	18.1	15.7	14.2	12.3	10.0	49.8	40.2
武强县	13.4	13.6	11.3	18.4	9.7	23.3	51.0	25.7
辛集市	16.1	17.7	23.7	10.4	12.1	13.14	64.39	22.47
献县	18.1	19.8	59.6	15.9	13.9	21	51	28

8.3.4 数据处理和分析结果

本书中使用的评价分析方法是层次分析法。

评价结果以经济影响得分的形式展现,主要包括三个方面,即经济增长速度、经济效益和产业结构。其中,经济增长速度以GDP和地方财政的增长作为主要评价指标;经济效益以工业生产总值、农业生产总值和人均可支配收入增长速度作为主要评价指标;产业结构以三产业所占的比重作为评价指标。由于不同指标的值和单位都不相同,往往会给评价结果带来影响,为了避免这种不利因素的影响,将各个指标的数据进行归一化处理。通过对每个指标打分的形式,在反映指标数据的基础上,可避免指标单位和数值大小带来的不利影响。

GDP增长速度和地方财政增长速度期望自然是越高越好,所以,将最高增长率的得分定为1分,最低增长率得分定为0分,并认为各数据与得分之间呈线性关系,从而求得其他增长率数据的得分情况。

工业生产总值、农业生产总值和人均可支配收入增长率越高越好,所以将各项的最高值得分定为1分,最低值得分定为0分,并认为各数据与得分之间呈线性关系,从而求得其他数据的得分情况。

第一产业在社会现代化过程中,并不显出其重要性,其比重反而在不断下降,因而可认为第一产业比重越低越好,将最低比重得分定为1分,最高定为0分,并认为各数据与得分之间呈线性关系,从而求得其他数据的得分情况。第二产业以制造业为标志,是一个地区经济的重要组成部分,往往制造业越发达,其经济发展也越快,所以,将第二产业比重最高值定为1分,最低值定为0分,并认为各数据与得分之间呈线性关系,从而求得其他数据的得分情况。第三产业以服务业为主导,表现出地区人们生活水平的高低,是人们生活水平的主要指标之一,因而,第三产业比重越高越好,将比重最大值得分定为1分,最低值得分定为0分,并认为各数据与得分之间呈线性关系,从而求得其他数据的得分情况。

按照上述计算方法,对这些城市的得分进行计算,具体各个城市的得分结果见表8-2。

各市(区、县)指标得分 表8-2

市(区、县)名称	GDP增长速度得分	地方财政增长速度得分	工业生产总值增长率得分	农业生产总值增长率得分	人均可支配收入增长率得分	第一产业比重得分	第二产业比重得分	第三产业比重得分
泊头市	1	0.23	0.34	0.11	1.00	0.19	0.30	0.71
沧县	0.21	0.34	0.31	0.24	0.85	0.24	0.00	0.95
沧州市	0.55	0.30	0.02	1.00	0.00	0.19	0.19	0.82
藁城区	0.86	1.00	0.38	0.03	—	—	—	—

续上表

市(区、县)名称	GDP 增长速度得分	地方财政增长速度得分	工业生产总值增长率得分	农业生产总值增长率得分	人均可支配收入增长率得分	第一产业比重得分	第二产业比重得分	第三产业比重得分
衡水市	0	0.02	0.02	0.08	0.58	—	—	—
晋州市	0.35	0.07	0.41	0.36	0.82	0.21	0.44	0.55
深州市	0.01	0.18	0	0.22	0.53	1.00	0.24	0.04
石家庄市	0.45	0.15	0.12	0.19	0.78	0.00	0.18	1.00
武强县	0.33	0.00	0.04	0.40	0.42	0.83	0.24	0.18
辛集市	0.66	0.14	0.28	0.00	0.75	0.20	1.00	0.00
献县	0.91	0.21	1	0.28	1.00	0.69	0.24	0.31

在有了各个城市的每个指标的具体得分之后,可对各个城市的上一层次指标得分进行计算。

在经济增长速度这一指标上,主要包括 GDP 增长速度和地方财政增长速度两个具体评价指标,对于不同的指标,理应有不同的权重,即不同的指标对于整个评价结果将产生不同程度的影响。对于经济增长来说,地方财政增长比 GDP 增长更具有说服力。通过专家打分法,将 GDP 增长速度和地方财政增长速度的权重比定为 4∶6。

在经济效益这一指标上,主要包括工业生产总值增长速度、农业生产总值增长速度和人均可支配收入这三个具体指标。其中,人均可支配收入是一个反映人们生活水平高低的最直接的指标,因而在经济效益方面,人均可支配收入占有最大的比重;在工业生产总值增长速度和农业生产总值增长速度两方面,随着经济的不断发展,往往工业的发展更能体现一个城市经济发展水平的高低,所以工业生产总值增长速度较农业生产总值增长速度有更高的权重。最后通过专家评分法,得到了工业生产总值增长速度、农业生产总值增长速度和人均可支配收入的比重为 3∶2∶5。

在产业结构指标上,主要有第一产业比重、第二产业比重和第三产业比重三个方面,因为在计算得分的时候已经考虑了产业比重的原因,所以在这里不再考虑权重上的影响。经过专家评分法,得到第一产业比重、第二产业比重和第三产业比重的权重为 1∶1∶1。

在计算出各个指标的具体权重之后,对每个城市进行经济增长速度、经济效益和产业结构三个方面的得分计算,结果见表 8-3。

各市(区、县)指标得分 表 8-3

市(区、县)名称	经济增长速度得分	经济效益得分	产业结构得分
泊头市	0.54	0.62	0.41
沧县	0.29	0.56	0.41
沧州市	0.40	0.21	0.41
藁城区	0.95	0.12	—
衡水市	0.01	0.31	—
晋州市	0.18	0.60	0.41
深州市	0.11	0.31	0.40
石家庄市	0.27	0.47	0.42
武强县	0.13	0.30	0.40
辛集市	0.35	0.46	0.41
献县	0.49	0.86	0.41

在计算得到各个城市的经济增长速度、经济效益和产业结构三个方面的得分之后,需要对每个城市最后总的影响得分进行计算。同样需要考虑经济增长速度、经济效益和产业结构三个指标的具体权重,通过专家评分法,得出经济增长速度、经济效益和产业结构三个方面的比重为 3∶4∶3。最后,通过计算得到各个城市的总得分,见表 8-4。

各市(区、县)得分 表 8-4

市(区、县)名称	总 得 分
泊头市	0.54
沧县	0.44
沧州市	0.33
藁城区	—
衡水市	—
晋州市	0.42
深州市	0.28
石家庄市	0.39
武强县	0.28
辛集市	0.41
献县	0.61

通过上述分析，各个城市的得分都会在0~1分之间，且城市得分越高，则说明高速公路带来的影响程度越大。通过以上分析可以看出，大部分城市的得分集中在0.4~0.6分之间，部分城市在0.3分，这与它们本身的经济中心与高速公路的距离有一定的关系，但总体还是体现出了高速公路带来的经济影响。

第9章　总体评价与未来思路

从第一条高速公路正式通车到现在,我国高速公路建设取得了举世瞩目的成就,高速公路网络正在形成。随着高速公路里程的不断延伸,规模效益逐步发挥,人们切身感受到高速公路带来的时间、空间观念的变化。在河北省内,由石家庄到各地市当天可以往返的目标正在逐步变成现实。

高速公路发展的历史证明,高速公路的发展水平,不仅是交通现代化的标志,也是路域现代化的标志,高速公路建设与路域整体发展始终呈现十分明显的相关性。高速公路的发展对经济与社会发展产生了极其重要和深远的影响。以下分析和评价均以河北省为例。

9.1　高速公路建设对经济社会发展影响的总体评价

9.1.1　促进了沿线路域经济的快速发展

据河北省统计局统计资料显示❶, 全省30个强市(区、县)都处于一条或者几条主要的高速公路沿线,可明显看出高速公路对地方经济带动的强大作用,从修建到通车,高速公路带动了这些地区相应的产业发展,使人口就业率增加,生产力要素快速流动,城市化水平提高,财政收入增加。

一般来说,高速公路通过的市(区、县)普遍比没有高速公路通过的市(县、区)经济发展好。以2012年为例,下面列举高速公路通过的几个市(区、县)与没有高速公路通过的市(区、县)的财政收入情况,见表9-1。

❶ 本书依托项目,数据来源于2012年。

2012 年度部分市(区、县)财政收入(亿元)　　表 9-1

市(区、县)	地方财政收入	市(区、县)	地方财政收入
辛集市(有)	16.2	深泽县(无)	2.31
晋州市(有)	9.09	赞皇县(无)	4.50
深州市(有)	5.90	安国市(无)	5.78
藁城区(有)	100.47	无极县(无)	1.31
武强县(有)	4.35	赤城县(无)	1.27

注:表中“有”表示有高速公路;“无”表示无高速公路。

典型案例:

涞源县　张石高速公路保定段并非“直南直北”,而是向东拐弯横穿曲阳县、涞源县、定兴县等 7 个贫困县,因此,这条路建成通车后,给涞源县的经济发展带来了明显的好处。涞源县的地方财政一般预算从 2007 年的全省的第 41 名上升至 2008 年的第 34 名。如图 9-1 所示。

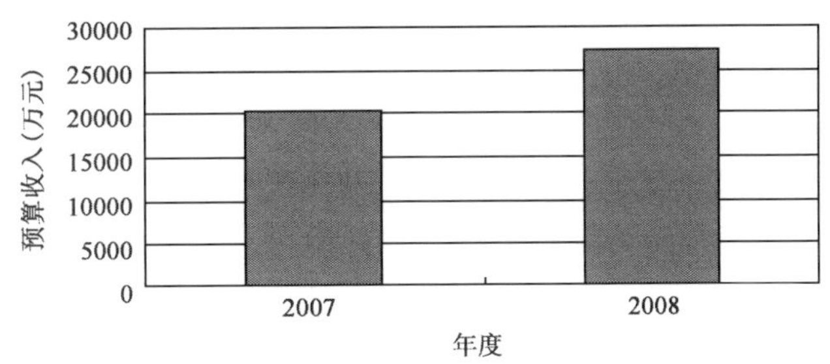

图 9-1　涞源县的地方财政一般预算变化

怀来县　1998 年 10 月开工建设,2002 年全部建成通车的京张高速公路,使北京通往张家口市实现了高速公路和高等级公路的全线贯通,行车时间由原来的 3 个多小时缩短到 2 个小时。对改善河北省路网结构,拉动沿线经济,促进张家口地区的经济发展,特别是对国家西部大开发战略的实施具有非常重要的意义。怀来县自从有京张高速公路通过后,地方财政一般预算收入由 2002 年的全省第 66 名跨越到 2007 年的第 37 名,到 2008 年,位于全省县级排序的第 25 名,财政预算收入从 2002 年的 5497 万元达到 2008 年的 31456 万元。如图 9-2 所示。

辛集市　1998 年正式通车的黄石高速公路沿途经过晋州、藁城、献县、深州、沧县进入沧州、黄骅,是贯通京、津、石经济圈的重要交通要道,给辛集市的经济发展注入了活力。辛集市的财政收入也出现了很大的变化,由 2002 年居全省第 6 名的 3.3 亿元,到 2012 年的 16.2 亿元,处于全省县级排序的第 4 名。如图 9-3 所示。

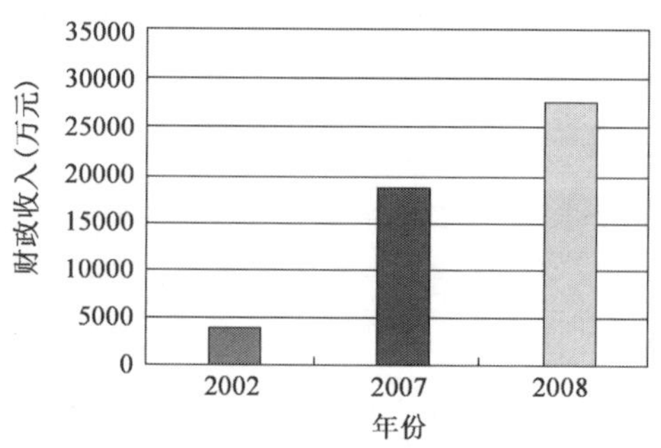

图 9-2　怀来县修建高速公路前后地方财政一般预算收入变化

沧县　黄石高速公路是晋煤外运的主要通道之一，该线 1998 年建成通车。沧县的财政收入也因此出现了很大的变化，由 2003 年居全省第 78 名的 2.03 亿元，到 2012 年的 16.1 亿元，处于全省县级排序的第 36 名，经过了 10 年，名次上升了 42 名。如图 9-4 所示。

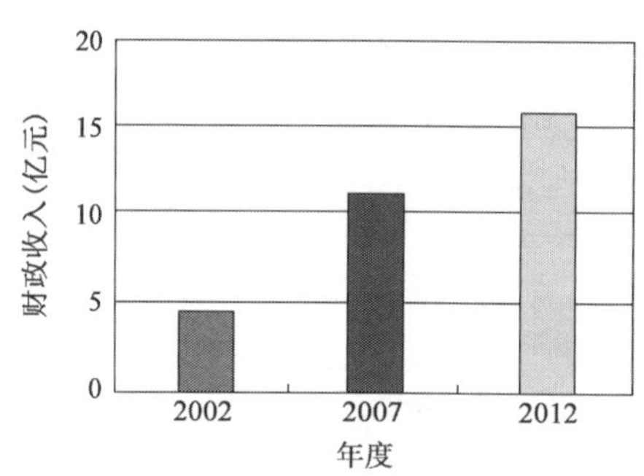

图 9-3　辛集市修建高速公路前后财政收入变化

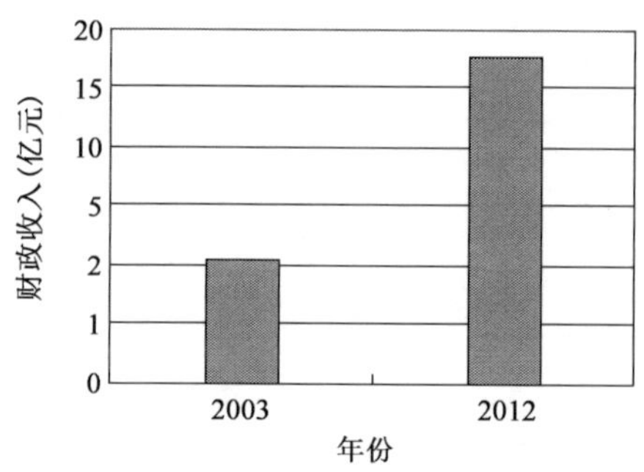

图 9-4　沧县修建高速公路前后财政收入变化

武强县　1998 年建成立平的黄石高速公路是交通运输部规划的“五纵七横”国道主干线的组成部分，是河北省高速公路网“五纵六横七条线”主骨架中的一部分。武强县受益于黄石高速公路的修建，经济也得到了很大的发展，地方财政收入出现了不断向前发展的势头(见表 9-2)。

武强县部分年度财政收入与排序　　表 9-2

年　度	全 省 排 序	地方财政收入(亿元)
2002	34	0.7
2007	32	0.9
2012	29	2.4

最早受益于高速公路的石家庄市,其整体经济的发展,也是一个很好的例子。中华人民共和国成立前,石家庄是隶属正定县的一个村镇。改革开放以来,特别是进入20世纪90年代,石家庄市高速公路发展迅速,随着京石、石太、石安、黄石高速公路的建设和运营,石家庄市的改革开放和经济发展逐步加快,经济总量雄居全省榜首。1994—2001年,石家庄市实际利用外资每年都以40%~100%的速度递增。2001年实际利用外资额占全省社会固定资产总额的13.9%,投资商已由1991年的9个国家和地区发展到67个国家和地区。石家庄县乡经济发展迅速。在2000年全省综合实力百强乡镇中,石家庄市占38家,居全省第一。河北省高速公路沿线经济发展的事实再一次证明了"要想富、先修路""无路不富、小路小富、大路大富、高速公路快富"的真理。

9.1.2 促进沿线路域产业结构的调整及路域间的经济合作

高速公路的建设使城市的空间距离大为缩短,促进了沿线、地区工业、交通运输业、商业与旅游业的兴旺发展,推动了沿线地区就业人口从农村向城市流动,由农业向工业、由第一产业向第二、第三产业转移,促使科技含量与附加值高的产品与企业大幅增加,使得生产要素与资源重新配置,就业结构与产业结构不断改善。统计资料表明,河北省第一、第二、第三产业增加值占GDP的比重从"九五"末期到"十三五"末期发生了根本变化。同时,高速公路的开通使得大批高新技术企业落户高速公路沿线的高新技术开发区,高新技术产品增加值占GDP的比重不断增加。具有交通优势的廊坊市,2008年在北京推出60个大型招商项目,推动建设"京津冀电子信息走廊"和"环渤海休闲商务中心"。这些项目计划总投资146.21亿美元,拟利用外资96.15亿美元。项目主要涉及电子信息、生物医药、太阳能及光伏、先进制造业、现代服务业、城镇建设和基础设施建设等方面。

高速公路的建设极大地促进了路域之间的经济合作。以河北省为例,作为经济发展的纽带,高速公路不仅将河北省内11个城市连为一体,也与北京、天津、太原、济南、郑州等城市紧密相连,极大地促进了城市间经济的合作以及人口流动和物流业的发展,北京、天津、石家庄、保定、唐山成为中国北方重要的城市群,这些城市成为地理空间相互毗连、社会经济结构融为一体、若干功能互补、经济上相互依赖、社会发展趋同的共同体。以石家庄为核心和依托,以唐山、保定、邯郸为副中心所组成了城市网络群体,这些城市在产业上各具优势,互补性较强。

9.1.3 促进了全省城市化进程与小城镇建设

河北省城市化进程与高速公路的建设和通车有十分紧密的关系，见表9-3。由表可见，凡是城市化率超过全省城市化水平水平的市(区、县)，基本上都处在高速公路沿线，便捷的高速公路与当地的省道相连，形成现代公路交通网络，大大促进了当地经济的发展，节约了时间，加快了生产要素的流动和人口的流动，直接促进了产业集聚和城市化水平的提高。2003年河北省平均城市化率为33.51%。而紧邻京沈高速公路的香河县城市化率达到37.88%，紧邻保津高速公路的霸州市城市化率达到43.10%，具有交通优势的三河市城市化率达到44.7%，京石高速公路和多条高速公路通过的涿州市城市化率为41.11%，保沧高速公路经过的任丘市城市化率为43.04%，京珠高速公路经过的沙河市城市化率为34.79%，长邯高速公路经过的涉县城市化率为40.83%，京珠高速公路经过的武安市城市化率为36.5%。这些城市的城市化率都超过了全省城市化率的平均水平。

2003年河北省高速公路沿线部分县市的城市化率(%) 表9-3

市(区、县)平均	晋州	深州	辛集	黄骅	藁城	武强	泊头	献县
33.51	37.88	43.10	44.7	41.11	43.04	34.79	40.83	36.5

2007年河北省的城市化水平为40.25%，2009年城市化水平达43.0%。河北省136个市(区、县)城市化率居前30位的依次是：任丘市、三河市、唐海县、泊头市、霸州市、迁安市、青县、遵化市、黄骅市、武安市、涉县、冀州区、香河县、涿州市、清河县、沙河市、邯郸县、栾城县、文安县、怀来县、大厂回族自治县、肃宁县、南宫市、定州市、迁西县、玉田县、宁晋县、孟村回族自治县、东光县、固安县，这些市(区、县)大多处于高速公路沿线。

高速公路的建成通车有力地促进了沿线城市版图的扩大与卫星城镇的建设。以石家庄市为例，1999—2019年，小城镇数量增加了将近2倍，小城镇比重提高了32.1%。初步形成了以中心城市为中心，以市(区、县)城镇为纽带，遍布全市农村地区的小城镇网络体系。

9.1.4 促进了全省旅游业的发展

旅游业是受益于高速公路较为明显的产业之一。“九五”期间，河北省国际旅游接待人次与创汇年均分别增长19%和25.35%，总量分别达到162.7万人次和4.97亿美元，是“八五”时期的2.8倍和4.6倍；国内旅游接待人次与创收年均分别增长9%和28.5%，总量分别达到1.97亿人次和786.54亿元人民币，是"八五"时期的1.56倍和7.87倍。2003年，河北省4A级景区24家，3A级景区11家，2A级景区20家，A级景区4家。2009年，河北省新评定A级景区221家，其中4A级以上景区73家、星级酒店50家（现有4星级以上酒店近百家）；全省旅游景区景点已达到1100多家。2009年全年全省共接待游客1.22亿人次，旅游总收入705亿元。2010年，河北省基本形成了白洋淀温泉休闲聚集区、秦皇岛滨海度假带、廊坊商务休闲聚集区、张承草原生态度假区、崇礼冰雪温泉度假区、桑洋河谷和昌黎葡萄酒文化休闲聚集区、保定文化休闲聚集区七大聚集区。此外，西柏坡红色旅游、邯郸历史文化旅游、承德皇家旅游、邢台百里太行生态旅游、衡水湖湿地生态休闲旅游等特色旅游业也得到迅速发展。河北省旅游业的发展速度，既高于全省经济的同期发展水平，也高于全国旅游的平均发展速度，是全国旅游业发展较快的省份之一，旅游业已经成为河北省的战略性支柱产业。这些旅游休闲区大多邻近高速公路或者与高速公路连接的公路，高速公路网络的形成对于河北省旅游业的发展的影响显而易见。

研究还表明，高速公路具有一种巨大的示范效应，使人们强烈地感受到修建高速公路、改善基础设施建设，对于促进本地区交通运输业发展和社会经济发展具有重要意义。

高速公路的建设对国民经济的发展的重要意义在于，高速公路建设在加速物资生产流通领域，促进与其他运输方式的联运，促进工业和大城市人口向地方分散，节省运输费用，缓和道路交通阻塞，改善旅行条件，减少交通事故，加快沿线地区经济发展，提高沿途土地价值等方面发挥着决定性作用。

高速公路建设促进沿线高新技术产业的发展，刺激房地产开发、引发沿线土地增值，促进沿线乡镇企业和高效农业的发展，带动第三产业发展，改善商品流通环境，促进市场繁荣。高速公路网络化建设还会改变路域经济发展的格局。

高速公路建设改善了沿线地区的投资环境，提高了河北省的国际知名度，增强了区位优势，推动了沿线产业带的形成和发展，并为产业结构的调整以及生产力的合理布局提供了重要条件。高速公路建设显著地提升了沿线路域的可达性和区位条件，带动了沿线地区资源开发和合理培植，加快了沿线地区的改革开放步伐，促进了地区间的经济合作与协同发展，尤其是国道主干线高速公路的建设发展，极大地促进了路域经济的快速发展，对路域产业布局调整与产业结构优化具有明显的导向性作用，吸引企业纷纷在高速公路出入口附近投资建厂，形成"产业集聚效应"，建立了一系列高新技术开发园区，促进了产业带的形成，刺激了沿线地区经济出现超常增长。

高速公路建设提高了沿线交通运输体系的综合能力,调整了运输运量结构;促进了沿线农业现代化和小城镇建设,促进了产业结构的合理调整改善了投资环境、推动了经济外向化进程,加快了规模经济发展,改善了工业企业技术结构,拓宽了基础设施建设的经费渠道。

高速公路建设推动了社会公共事业的发展,为缩小城乡基础设施差距、实现公共服务均等化发挥了重要作用。此外,高速公路建设还带动了沿线经济发展和产业结构调整,增加和创造了较多的就业机会,促进本地区的劳动力由农村向城镇、由农业向非农业、由第一产业向第二和第三产业的转移。进一步搭建了大城市的框架,提升了中心城市的功能和地位,并形成以高速公路为轴线、以各处立交桥为轴心的一系列卫星城镇。促进了沿线与周边地区人们的大市场、大流通、大开放观念和开拓意识,竞争意识与效率意识。

从总体上看,高速公路建设对经济总量及沿线地区的经济、社会发展乃至产业的转移、人们生活方式的转变都有着极大的推动作用。沿线地区快速、协调的发展直接促进了各地劳动力和资源的开发利用与商业贸易的繁荣,并间接改善了路域交通运输条件与投资环境,使路域社会发展的空间结构更加完善,促进了城市化的进程与小城镇的建设,为城乡经济一体化奠定了基础,从而对沿线路域内社会各个层面产生了明显的综合效益。

9.2 关于高速公路发展的几点建议

未来将进入一个以科学发展观为指导,改变经济发展方式、建设和谐社会的新时期,我们将面临经济全球化、人口城镇化、城乡一体化、社会现代化的加速发展时期,高速公路建设事业也将进入一个提高建设、管理质量的新时期。提升高速公路建设管理的现代化程度、提高高速公路建设与河北省经济社会发展的适应度,继续为河北省整体发展提供基础性支持条件,是“十三五”期间河北省高速公路建设面临的重大课题。关于高速公路发展的几点建议如下:

(1)完善高速公路整体功能。今后将把改善公共基础设施、提供公共服务能力作为重要目标,要达到这一目标,需要进一步完善全省高速公路整体网络,提高高速公路的整体功能和服务能力,使高速公路在公共基础服务方面成为实现社会建设目标的亮点。

(2)制定高速公路产业带发展战略。高速公路沿线具有交通便利、经济聚合、经济载体等优势,为沿线地区提供了新的经济增长点,需要把那些科技含量高、市场潜力大、对外贸易广的企业引进沿线地带,借助交通优势,促进其快速发展,逐步形成高速公路产业带,使其成为河北省面向国际、带动全省产业结构调整和整体经济发展的示范经济带。

(3)加强以高速公路为核心的交通网建设。面对经济全球化步伐的加快和京津冀路域共同体的实质性形成的现状,为促进生产要素在整个路域内的自由流动、加快路域经济融合、增强国际竞争力,需要把优化发展环境作为突破口,进一步深化路域经济合作,把构建路域大交通体系作为重点合作内容,有效地推动路域间的多方合作和交流。

(4)制订"快捷、便利、安全"的管理目标。随着汽车社会的来临,公路客货运输量将呈现持续快速增长的态势,公众对高速公路管理的需求也将随之提高,除了快捷和便利,出行安全将成为公众首选的需求,需要根据这些需求调整和改善高速公路运营管理方式。

(5)进一步完善综合运输体系。需要加快综合运输体系建设,将为所有旅客、货物和地区提供畅通、便捷、经济和安全可靠的运输系统作为努力的目标。因此,应不断提高交通基础设施建设水平和服务能力,缩短物流时长。

(6)发挥高速公路在路域平衡发展方面的作用。从科学发展观的发展思想出发,未来高速公路建设在缩小城乡差距、地区差距,加强地区的交流方面需要发挥更大的作用。高速公路规划建设以及公路网络建设,都需要考虑对周边地区发展的作用和影响,要兼顾以道路为纽带,通过信息、物资的交流,将发展不平衡的地区联结起来,使贫穷地区得到发展,充分考虑高速公路建设对周边地区经济社会发展的拉动作用,是未来高速公路建设需要改进的重点。

9.3 小 结

通过考察调研和分析高速公路对沿线经济发展的影响,可获得如下启示:

(1)高速公路的产生和发展,是一个国家国民经济和社会发展到一定阶段对公路运输需求的必然产物。

(2)高速公路的发展必然会对经济和社会各个方面的发展产生重要的影响,从而促进经济的合理布局和结构优化,促进社会不断进步。

(3)高速公路对沿线经济发展的促进作用,不一定在通车当年就表现出来,它的社会经济效益有可能在3年甚至更长的时间后才能充分体现。

(4)高速公路的发展,将引起各种运输方式相互竞争,竞争的结果是导致各种运输方式技术水平的提高,使各种运输方式之间的分工更加合理,并在更高层次上与其他运输方式相互衔接,进而使综合运输结构得到优化,整体技术水平得到提高,共同促进社会经济的发展。

(5)高速公路网络的形成和完善,将使公路运输在更大范围内对现代经济和社会发展产生更为重要的影响。

(6)在高速公路促进经济和社会发展的同时,经济和社会又对高速公路提出了更高的要求,未来高速公路必然向高科技、智能化方向发展。

结束语

本书结合层次分析法、灰色系统理论、模糊综合评价理论，采用比较方法、系统方法、实证分析方法等研究方法，研究了高速公路对沿线经济发展影响的评价问题，取得以下有意义的成果：

(1)提出了高速公路社会经济评价的概念。以此来描述高速公路对沿线经济发展影响的评价，并给出了一套完整可行的高速公路社会经济评价指标体系。

(2)与以往的研究不同，本书研究不仅论述了高速公路对沿线经济各方面的影响，而且进行了综合评价，并提出了综合满意度的概念，使高速公路对沿线经济发展的促进作用数量化，便于不同方案之间的比较。

(3)运用灰色系统理论的GM(1,1)模型对定量分析高速公路对沿线地区国民经济总量的影响作出了有益的探索。

(4)本书研究不仅提出了高速公路对沿线经济发展影响评价指标体系，而且以河北省高速公路、黄石高速公路及黄石高速公路沿线市县为例进行了实证分析。同以往的研究相比，可操作性大大加强。由于高速公路涉及社会经济生活的方方面面，要准确分析其对沿线经济发展的影响十分困难，本书研究尽管作出了许多有益的探索，但仍存在许多需进一步研究的问题。

本书研究和探讨的问题，属于后评价的范畴。尽管项目的后评价在整个项目评价过程中是必不可少的环节，但归根到底，后评价是为了今后更好地进行可行性评价。因此，如何将本书的研究成果运用于可行性评价仍需进一步探讨。

参考文献

[1] 国家计委、建设部. 建设项目经济评价方法与参数[M]. 北京:中国计划出版社,1997.

[2] 周惠珍. 投资项目经济评价[M]. 北京:中国审计出版社,1997.

[3] 林骏,邢国江,顾伟. 交通运输项目经济分析[M]. 北京:人民交通出版社,1993.

[4] 肖秋生,任福田,叶彬. 公路建设项目国民经济评价方法的研究[J]. 中国公路学报,1995,(S1):131-136.

[5] 张国宝. 试论交通项目国民经济外部效益定量评价[J]. 综合运输,1996(12):11-14.

[6] 张尚文,李骥. 公路交通与区域性经济发展[J]. 汽车运输研究,1996(3):27-30.

[7] 黄志刚. 京九铁路对江西经济影响的定量分析[J]. 预测,1997(1):34-36.

[8] 国家计委投资研究所. 投资项目社会评价方法[M]. 北京:经济管理出版社,1997.

[9]郭振英. 腾飞之路:我国高速公路社会经济效益透析[M]. 北京:中国言实出版社,1996.

[10] 刘运哲 · 公路建设项目后评价指标研究[J]. 长沙交通学院学报,1995(3):96-102.

[11] 周国光. 公路运输项目经济评价[M]. 西安:陕西人民教育出版社,1990.

[12] 黄敏行. 铁路建设与区域经济[J]. 中国软科学,1996(6).

[13] 傅立. 灰色系统理论及其应用[M]. 北京:科学技术出版社,1992.

[14] 贺仲雄. 模糊数学及其应用[M]. 天津:天津科技出版社,1985.

[15] 任淮秀,汪昌云. 建设项目后评价理论与方法. [M]. 北京:中国人民大学出版社,1992.

[16] 丁以中. 交通运输与经济的关系研究[J]. 系统工程理论方法应用,1997

(2):54-60.

[17] 赵凤山,秋露,胡连杰. 高速公路间接社会效益指标体系研究[J]. 东北公路,1996(1):8-11.

[18] 沈颖,过秀成. 公路建设项目后评价理论体系分析[J]. 华东公路,1997(4):58-61.

[19] 许树梅. 层次分析法原理[M]. 天津:天津大学出版社,1988.

[20] 林恩·斯奎尔,赫尔曼·G·范德塔克. 项目经济分析——影子价格的推导和估算[M]. 孙礼照,胡庄君,译. 北京:清华大学出版社,1985.

[21] 河北省人民政府. 河北统计年鉴[M]. 北京:中国统计出版社,2009.

[22] 河北省人民政府. 河北经济年鉴[M]. 北京:中国统计出版社,2013.

[23] 石家庄市年鉴编纂委员会石家庄年鉴[M]. 石家庄:河北人民出版社,2018.

[24] 翟献礼. 高速公路建设对区域经济可持续发展的推动作用[J]. 中国商论,2013(32):162-163.

[25] 钟国. 高速公路建设对区域经济发展促进作用分析[J]. 财经界(学术版),2013(3):25-26.

[26] 喻新安,赵西三,王志刚. 路域经济:带动路域经济发展的新引擎[N]. 经济参考报,2013.

[27] 侯慧中. 高速公路的建设对区域经济中的发展若干问题探讨[J]. 中国外资,2012(24):273.

[28] 何智明. 湖南省高速公路建设对区域经济发展的影响分析[J]. 湖南交通科技,2012.(3):170-173.

[29] 徐亮. 高速公路对区域经济发展的影响浅析[J]. 黑龙江交通科技,2011,(12):139.

[30] 唐艺彬. 美国纽约大都市圈经济发展研究[D]. 长春:吉林大学,2012.

[31] 申小静. 高速公路建设推动区域经济发展[J]. 运输经理世界,2011(7).

[32] 李建新. 浅谈高速公路对区域经济发展的影响[J]. 科技资讯, 2009(8):250.

[33] 夏莹. 论高速公路区域经济综合开发[J]. 交通标准化, 2010(9):178-181.

[34] 张小平. 京石高速公路对河北省经济社会影响研究[D]. 天津:天津大学,2010(6).

[35] 杨淑芳,林宝志. 论高速公路建设与区域经济发展[C]//公路交通与建设论坛, 2010,(1).

[36] 徐阳. 陕西省路域经济发展与交通运输体系一体化研究[D]. 西安:长安大学, 2010.

[37] 刘南. 高速公路对路域经济发展的影响研究——以浙江省杭甬高速公路为例[J]. 中国软科学, 2002,(11):98-101.

[38] James Odeck. Ranking of regional road investment in Norway[J]. Transportation,2010 (2).

[39] Peter Headicar. The local development effects of major new roads[J]. Transportation,2010 (1).

[40] R A Johnston, C J Rodier. Regional Simulations of Highway and Transit ITS: Travel, Economic Welfare Effects[J]. Mathematical and Computer Modelling; 2010.

[41] Kenneth A Small, Private Provision of Highways: Economic Issues, Transport Reviews , 2010(1):11-31.

[42] Alfredo M Pereira, Jorge M Andraz, On the effects of highway investment on the regional concentration of economic activity in the USA, Portuguese Economic Journal, 2012(3):165-170.

[43] SotaroKunihisa, Michihiro Kaiyama. The Economic Effect of Highway Construction: A Compatative Analysis for The U. K. [J]. Germany And Japan, Reviewof Urban & Regional Development Studies, 2007,10 (1):28-41.

[44] 段静. 高速公路社会经济效益评估[D]. 武汉: 武汉理工大学, 2002.

[45] 姚永春. 高速公路产业带形成机理及其边界划分方法研究[D]. 西安: 西安公路交通大学, 1999.

[46] 孟巍. 高速公路对路域经济影响分析与评价方法研究[D]. 长沙:长沙理工大学,2006.

[47] 吴慈生, 汪敏. 高速公路经济带吸引路域与开发模式研究[J]. 系统工程, 2000(2):17-21.

[48] 王守恒,章锡俏,孟祥海. 高速公路经济产业带计算模型研究[J]. 公路, 2006(7):110-113.

[49] 夏飞,陈修谦. 高速公路经济带边界模型的构建及实证分析[J]. 系统工程,2005,22(12): 101-104.

[50] 夏飞. 高速公路发展对我国农村工业化,城镇化和现代化的影响研究[D]. 南京:南京理工大学,2004.

[51] 杨光. 快速路线网布局规划及评价方法研究[D]. 哈尔滨:哈尔滨工业大

学,2007.
[52] 许云飞,王伟.公路建设拉动国民经济的定量研究[J].山东交通科技,2000(4):1-9.
[53] 于恒兰.综合评价的多元分析方法——主成分分析法[J].安徽大学学报:哲学社会科学版,1993(3):93-97.
[54] 崔莹.高速公路经济带的形成机制及其对区域经济发展的启示[J].交通标准化,2012(1):142-144.
[55] 霍志平.浅析高速公路路域经济开发[J].企业文化,2010(4).
[56] 于良.公路交通对路域经济的影响力研究[D].太原:山西大学,2006.
[57] 田祖海,苏曼.公路交通运输对路域经济发展的影响分析[J].商业研究,2008,4:123-125.
[58] 商丽.河南省公路运输对区域经济发展的影响分析[D].北京:北京交通大学,2012.
[59] 董大朋.交通运输对区域经济发展作用与调控——以吉林省为例[D].长春:东北师范大学,2010.
[60] 崔莹.公路建设与社会经济协调发展评价研究[D].北京:北京工业大学,2004.
[61] 顾政华,李旭宏.区域高速公路网合理规模研究[J].公路交通科技,2004(9):78-81.
[62] 奚宽武,陈尚和,覃增雄,等.京沪高速公路沧州段对沿线区域社会经济影响[J].北京工业大学学报,2004(1):93-96.
[63] 韩增林,杨荫凯.交通经济带的基础理论及其生命周期模式研究[J].地理科学,2000(4):295-300.
[64] 周起业.路域经济学[M].北京:中国人民大学出版社,1998.
[65] 王颖颖.高速公路对区域经济发展的影响研究[J].企业改革与管理,2014(9):72.
[66] 康彦民.浅谈我国高速公路建设发展的特点及应注意的问题[J].公路交通科技,2000(6):92-95.
[67] 刘艳慧,贾元华.高速公路建设规模与经济发展关系探讨[J].交通运输系统工程与信息,2003(4):58-60.